O CÉU COMEÇA EM VOCÊ

Dados Internacionais de Catalogação na Publicação (CIP)
(Câmara Brasileira do Livro, SP, Brasil)

Grün, Anselm
    O céu começa em você: A sabedoria dos padres do deserto
para hoje; 22. ed.; tradução de Renato Kirchner. – Petrópolis, RJ:
Vozes, 2014.
    Título do original alemão: Der Himmel beginnt in dir:
Das Wissen der Wüstenväter für heute.
    Bibliografia.

    10ª reimpressão, 2024.

    ISBN 978-85-326-2074-3

    1. Ascetismo 2. Espiritualidade – Aforismo e apotegmas
3. Padres do deserto 4. Vida espiritual 5. Vida religiosa e
monástica. I. Título.

98-3814   CDD-248.4

Índices para catálogo sistemático:
1. Espiritualidade: Padres do deserto: Ensinamentos:
Vida cristã: Cristianismo 248.4

Anselm Grün

O CÉU COMEÇA EM VOCÊ

A sabedoria dos padres do deserto para hoje

Tradução de Renato Kirchner

EDITORA
VOZES

Petrópolis

Tradução do original em alemão intitulado
Der Himmel beginnt in dir
Das Wissen der Wüstenväter für heute.

CONSELHO EDITORIAL

Diretor
Volney J. Berkenbrock

Editores
Aline dos Santos Carneiro
Edrian Josué Pasini
Marilac Loraine Oleniki
Welder Lancieri Marchini

Conselheiros
Elói Dionísio Piva
Francisco Morás
Gilberto Gonçalves Garcia
Ludovico Garmus
Teobaldo Heidemann

Secretário executivo
Leonardo A.R.T. dos Santos

PRODUÇÃO EDITORIAL

Aline L.R. de Barros
Marcelo Telles
Mirela de Oliveira
Natália França
Otaviano M. Cunha
Priscilla A.F. Alves
Rafael de Oliveira
Samuel Rezende
Vanessa Luz
Verônica M. Guedes

Editoração e organização literária: Orlando dos Reis
Capa: Stefano di Giovanni (1446-1506). Santo Antão sendo tentado por uma atraente jovem. Suas asas de morcego revelam-lhe, porém, a natureza demoníaca.

ISBN 978-85-326-2074-3 (Brasil)
ISBN 3-451-08823-1 (Alemanha)

Este livro foi composto e impresso pela Editora Vozes Ltda.

SUMÁRIO

PREFÁCIO À EDIÇÃO BRASILEIRA

Amados leitores e leitoras do Brasil!

Alegra-me saber que o livro *O céu começa em você* é lido com satisfação pelos brasileiros. Quando o escrevi, tive em vista muitos cristãos na Alemanha, os quais queriam progredir em seu caminho espiritual. Eles se esforçavam para corresponder cada vez mais à imagem de Jesus. Todavia, muitas vezes não faziam progressos, justamente porque passavam por cima de sua própria realidade. Foi nessa situação que a espiritualidade dos Padres do Deserto apresentou-se para mim como uma fonte importante, de modo que pudesse apontar-lhes um outro caminho, um caminho que começa em nosso coração. Trata-se da espiritualidade a partir da base, uma espiritualidade que ouve a voz de Deus em nosso próprio coração, de modo que todos os recantos de nosso corpo e de nossa alma possam ser transformados pelo Espírito de Deus.

Muito me impressiona que, também no Brasil, meus pensamentos tenham caído em terra fértil. Naturalmente, além de todas as fronteiras, movem-nos as mesmas perguntas e desejos. Fico agradecido quando leitores e leitoras me escrevem dizendo que meus livros os ajudam, de modo que possam arranjar-se em seu dia a dia e, assim, encontrar novo prazer na fé. Isso mostra que minhas experiências também motivam e proporcionam muitas outras experiências. Quando escrevo um livro procuro responder sempre às minhas próprias perguntas e problemas. E, ao mesmo tempo, tenho presente pessoas com as quais falei e para as quais não pude responder enquanto conversávamos, mas que realmente pudesse ajudá-las posteriormente. Desse modo, esforço-me para encontrar durante a escrita uma palavra que fortaleça estas pessoas em seu caminho e que lhes abra os olhos para aquilo que realmente pode ajudá-las.

Quanto mais acompanho as pessoas, tanto mais se evidencia para mim que todos nós padecemos dos mesmos padrões em nossa alma, dos padrões de perfeccionismo, de obrigação, de ter que nos provar e comparar-nos com os outros. A espiritualidade dos Padres do Deserto nos conduz a um caminho de liberdade interior. Ela nos permite vislumbrar a própria realidade, sem avaliá-la ou julgá-la sempre de novo. Nas discussões sempre percebo como as pessoas têm medo de olhar para dentro de seu próprio coração. Pois aí elas podem encontrar toda escuridão e repressão, diante das quais preferem fechar seus olhos. Porém, quem possui uma autoimagem tão pessimista, vive sempre com medo de si mesmo. Os Padres do Deserto nos convidam a olhar, sem medo, todos os abismos de nossa alma, porque estão convencidos de que também na maior escuridão brilha a luz de Jesus Cristo e que tudo o que é demoníaco em nós pode ser transformado pelo Espírito de Jesus. Eles atrevem-se a descer às suas profundezas, porque acreditam que Jesus Cristo os toma pela mão e os acompanha. E Jesus lhes dá a confiança de que tudo aquilo com que eles se encontram é aceito e amado incondicionalmente por Deus.

Sempre que escrevo um livro, escrevo-o também para mim mesmo. Enquanto escrevo, procuro uma resposta para minhas próprias perguntas. Durante muitos anos exigi uma espiritualidade que afugentasse todos os erros de meu coração e que me obrigasse sempre de novo a ser retrato de cristão perfeito. Nessa situação, os textos dos Padres do Deserto foram reveladores para mim de modo que pudessem ser traduzidos em minha vida. Juntamente com algum confrade procuro praticar o que os Padres do Deserto aconselhavam em sua época. O fato é que nós fizemos boas experiências nesse caminho. Os Padres do Deserto fertilizaram nossa espiritualidade e nos conduziram para fora de uma espiritualidade estreita e moralizante.

Nos últimos doze anos realizei muitas conferências, tanto para cristãos religiosos engajados como para pessoas que haviam se afastado da Igreja, para simples operários e empresários, para homens e mulheres. Em toda parte encontrei vivo interesse. Particularmente, nosso mundo de negócios sempre mais áspero desperta em nós um desejo por uma espiritualidade que nos conduza a uma liberdade interior, que nos convide a descobrir um espaço de silêncio em nós, de modo que o barulho deste mundo não tenha acesso. Cada um de nós carrega em si um lugar de silêncio. Não raras vezes ficamos inibidos por isso. Perdemos o contato com nosso coração. Os Padres do Deserto nos encorajam a entrar no sagrado espaço do silêncio. Este é retirado do terror do mundo. Ali onde Deus habita em nós, somos salvos e íntegros; ali ninguém pode nos atingir e é também ali que somos livres. As expectativas das pessoas, suas exigências e avaliações não têm ali qualquer acesso. Muitas pessoas, hoje em dia, procuram por este espaço interior da liberdade, que elas buscam na resposta vocacional, e se sentem esmagadas pela implacável luta de concorrência que prevalece no mundo econômico.

Mesmo que os textos dos Padres do Deserto tenham 1600 anos, não perderam nada de sua atualidade. O interesse pelas introspecções e experiências dos primeiros monges atinge hoje grandes círculos. Alegra-me que sempre mais seres humanos vivenciem isso. Nossa tradição cristã está também hoje viva o bastante, de modo a nos ajudar durante a realização de nossa vida. Ela está repleta de sabedoria e benignidade, de grandeza e liberdade. Quem segue o caminho da espiritualidade cristã da maneira como foi vivenciada e experimentada pelos Padres do Deserto – diz-nos São Bento–, cresce-lhe o coração e, em seu caminho para Deus e para as pessoas, vem-lhe ao encontro incomensuravelmente a alegria do Espírito Santo.

Desse modo, desejo aos leitores e leitoras do Brasil que, durante a leitura, adquiram um coração grandioso. Deus – nos dizem os monges – deseja viver num coração grandioso, aberto para as necessidades dos irmãos e irmãs que convivem ao nosso lado. Neste coração grandioso abre-se para nós o céu e experimentamos a proximidade do Deus que cura e que ama. E, ao mesmo tempo, abre-se em nós o céu através das pessoas que encontramos.

Que este livro possa abrir para muitas pessoas o céu em suas vidas, para que seu caminho seja abençoado por Deus em liberdade e amor, em alegria e gratidão.

Münsterschwarzach, 13 de junho de 2005, por ocasião da Festa de Santo Antônio de Pádua que, com seu coração grandioso, inspirou os seres humanos de seu tempo.

Anselm Grün

APRESENTAÇÃO

O céu começa em você é o título da presente obra. Este título não deve ser encarado como uma bela constatação. A obra é, ao contrário, muito mais instigante e provocadora do que pode parecer. Ela nos convoca e provoca a nos encararmos a nós mesmos. Mas, como e desde onde? Isso vem dito no subtítulo, isto é, desde *A sabedoria dos padres do deserto para hoje,* isto é, desde a singular sabedoria dos padres do deserto da forma como nos foi legada, estimulando-nos e fortalecendo-nos em nossas buscas atuais.

A finalidade desta apresentação não consiste em acrescentar alguma coisa à obra ou àquilo que ela por si mesma já diz ou quer dizer. O que se propõe, no entanto, é fazer uma simples e despretensiosa advertência ou, se nos é permitido expressar-nos assim, tentar proporcionar uma via de acesso ao texto.

A necessidade de uma advertência advém certamente de um perigo implícito. Que perigo será esse? O perigo de talvez não estarmos lendo o texto adequadamente, o perigo de talvez não estarmos lendo o texto desde o espírito que o motiva e orienta, que é o espírito dos padres do deserto. Positivamente, portanto, o texto requer que nós nos movimentemos *no mesmo espírito* do movimento monástico em sua gênese, isto é, dentro da mesma espiritualidade produzida e legada pelos padres do deserto.

Mas o maior perigo nesta tentativa consiste justamente no fato de nós talvez não deixarmos os padres do deserto serem eles mesmos, isto é, de acharmos que, pelo fato de distarem de nós mais de mil e quinhentos anos, já não serem capazes de atingir-nos em nossa existência e que, portanto, seus textos já não carecem de serem lidos por nós. Ou, o que não é muito mais promissor, de nós meramente projetarmos *sobre* o texto nossos próprios preconceitos sem analisá-los, fazendo com que o texto, em vez de abrir-se para nós, fique ainda mais encoberto.

Para deixar o texto falar desde ele mesmo, para deixá-lo jorrar como uma fonte, é preciso que nós já estejamos numa bem outra disposição. Esta disposição, por exemplo, pode se acender em nós através de uma simples pergunta: de que modo é preciso ver e assumir a distância entre nós e os padres do deserto? Assumir não quer dizer aqui superar, mas responsabilizar-se, familiarizar-se, enfim, aproximar-se deles. Aproximar-se dos textos dos padres do deserto e de sua linguagem peculiar é, de certa forma, necessário, mas ainda não é tudo. E por quê? Por uma razão muito "natural" – digamos, até mesmo "óbvia" – nós poderíamos entender que, pelo fato de os textos estarem em nossas bibliotecas e em nossas estantes, nós já estaríamos também "muito próximos" deles. Sim e não. Tudo isso pode não passar de uma mera constatação, podendo ser até mesmo falso, e justamente por faltar experiência. Por isso, o questionamento inicial de toda e qualquer boa leitura, de toda e qualquer boa interpretação deverá ser: para assumir com sinceridade esta distância entre nós e os padres do deserto faz-se mister que nós, acima de tudo, nos aproximemos de nós mesmos. Tudo isso parece algo aparentemente fácil e, no entanto, é talvez uma das coisas mais difíceis. Pois o texto jamais poderá proporcionar-nos este encontro conosco mesmos, se nós já não estivermos realmente dispostos e sinceramente abertos ao espaço que instaura tanto a posição do texto quanto a posição existencial em que nós já nos encontramos e descobrimos.

Buscando entrever estas duas posições, vejamos uma passagem em que o próprio Anselm Grün fala da fusão de dois horizontes. Segundo ele, esta fusão se dá no encontro de um limite, vale dizer, no conflito, na luta entre a posição do texto e a minha própria posição. Ele diz: "Trata-se de lutar com a palavra de Deus. Se não a entendo, é porque eu mesmo não me entendo. Se a palavra de Deus me irrita, é porque não me compreendo bem e porque me defino em relação aos homens e ao mundo e não em relação a Deus. A luta com a palavra de Deus leva ao encontro com Deus e, portanto, a um novo encontro conosco mesmos e, de repente, compreendo a Deus e minha própria existência. Quando entendo a palavra de Deus, me entendo a mim mesmo de outra maneira. Portanto, a palavra de Deus não quer comunicar-nos alguma informação, mas uma compreensão nova acerca de nós mesmos. Compreender significa sempre fusão de horizontes: o horizonte de minha autocompreensão se funde com o horizonte da compreensão existencial do texto. Se entendo o texto, me entendo também a mim mesmo e minha vida de um novo modo; e, ao explicar o texto, participo do ser que se explica nele; portanto, participo da verdade e de Deus que resplandece em todo texto, como a verdade autêntica que resplandece por detrás de todas as coisas. Compreender sempre é encontro, encontro com o texto e comigo mesmo e, em ambos os casos, encontro com a verdade e, portanto, com Deus mesmo" (cf. GRÜN, Anselm. *A oração como encontro*. 12. ed. Petrópolis: Vozes, 2014.).

Embora nestas palavras o autor se refira diretamente às palavras da Escritura, o que elas revelam é o modo e o espírito que deve nos motivar e orientar durante a leitura dos textos dos padres do deserto, vale dizer, também deste livro. Pois, diz-nos Anselm Grün que é possível que, "à primeira vista, muitas das palavras dos patriarcas nos sejam estranhas e talvez até duras e ásperas. Todavia, quando nós começarmos a olhar e a ouvir com mais rigor, é possível que elas nos conduzam para dentro de um mundo de amor e de misericórdia, de verdade e liberdade, introduzindo-nos no mistério de Deus e dos homens", pois – continua ele – "uma vez que tivermos descoberto a sabedoria que reside nas palavras dos padres do deserto, estas dificilmente haverão de abandonar-nos. Elas são uma fonte não só para a vida espiritual, mas também para a psicologia, a qual encontra nelas, vazado numa outra linguagem, o que ela própria só conseguiu elaborar a duras penas durante o nosso século. A diferença em relação à psicologia moderna, porém, consiste no fato de os monges por meio da experiência terem provado o que dizem, ou seja, eles não desenvolvem nenhum modelo teórico, mas suas palavras refletem 'apenas' sua própria experiência".

Nomes como Evágrio Pôntico, Antão, Cassiano, Pacômio, Atanásio, Agostinho, Sinclética, Teodora, Macário o Grande, Agatão, Bento de Núrsia, Paládio, Amonas, Poimen, Paésio, Isaac de Nínive, Doróteo de Gaza, Serapião, Basílio Magno, João Colobos, Teodoro de Ferme, Sara, Paulo de Gálata, Pior, Anub, Pambo, Bessarião etc.; palavras como *apatheia, logismos, hybris, fruitio Dei, monachos,* acídia, ascese, anacorese, *koinobion, humilitas, stabilitas, cella, puritas cordis, discretio* etc.; lugares como Scete, Terenutis, Tabennisi, Panefo, Ennaton etc., pertencem a este mundo em que germinou e floresceu o monacato primitivo – especialmente no Egito, mas também na Palestina, Síria e Mesopotâmia. Este mundo dos monges, nascido no caos das invasões bárbaras após a derrocada do Império Romano, em que os primeiros monges livremente se decidiram a viver uma vida de ascese, deserto e solidão, será não só uma força regeneradora da cultura de seu tempo como será também uma das forças decisivas para a constituição do espírito e da cultura da Idade Média.

O céu começa em você é o título com o qual esta obra vem ao nosso encontro. Mas é bem possível também que se torne a motivação de uma verdadeira experiência, qual seja, a de nos convocar e provocar a partir do tênue e frágil limite entre o texto e a nossa própria situação existencial, a partir do encontro de duas posições, de dois horizontes. Também o céu começa aí onde a vida começa. E onde começa a vida? Ela começa no que nos é mais próximo – *a partir da nossa base,* diria o autor –, isto é, em nossos pensamentos, sentimentos e paixões, em nossas alegrias e tristezas, em nossos vícios e pecados, em nossos medos e incertezas. Portanto, o céu começa aí onde a vida sempre de novo recomeça: entre nós mesmos e Deus. A verdadeira experiência de fé sempre e necessariamente acontece e se dá neste entremeio e é aí que nos é dado viver a felicidade prometida, aqui e agora, no que somos e como somos.

Tomamos a liberdade de acrescentar um breve apêndice no final do livro. Este apêndice contém: 1) notas de tradução para justificar e explicar algumas dificuldades próprias encontradas durante a tradução; 2) algumas sugestões de leitura sobre os padres do deserto aos que se interessarem em aprofundar o tema; 3) uma lista de abreviaturas das obras utilizadas ao longo do livro, fazendo-se também aí as respectivas remissões para as referências bibliográficas dadas pelo próprio autor.

Renato Kirchner

INTRODUÇÃO

Algum tempo atrás, enquanto lia uma revista de um banco austríaco, não foi pouca a minha admiração por ter o autor do artigo principal – que versava sobre problemas de administração de empresa – começado a narrativa com a história de um monge. É notório que hoje, às vezes, diretores de empresa encontrem auxílio para suas vidas e suas atividades em singulares e encantadores apotegmas (isto é, palavras dos patriarcas e sentenças dos monges incluídas em pequenas narrativas)[1]. Se até alguns anos atrás ainda era ser moderno citar *koans* budistas, hoje em dia se começa a redescobrir a sabedoria dos padres do deserto. Psicólogos interessam-se atualmente por aprender a lidar e a observar as experiências dos primeiros monges, os seus métodos e os seus pensamentos e sentimentos. O que eles conseguem perceber é que não se fala aí meramente sobre os homens e sobre Deus, mas que suas palavras provêm de um sincero autoconhecimento e de uma verdadeira e real experiência de Deus.

Seria muito salutar para a Igreja se ela estivesse atualmente em contato com as antigas fontes de sua espiritualidade. Esta seria, naturalmente, uma resposta melhor à ansiedade espiritual do que uma teologia moralizante; teologia esta que tem predominado durante os dois últimos séculos. A espiritualidade dos primeiros monges é mistagógica, ou seja, ela conduz para dentro do mistério de Deus e do homem. E, como a antiga medicina viu na dietética – que era a doutrina da vida saudável – sua principal tarefa, é também desse modo que os monges compreendem seu seguimento na ascese e na espiritualidade como sendo uma introdução na arte de vida saudável. Neste livro, busca-se explorar a rica fonte da espiritualidade segundo o modo como ela foi vivida pelos primeiros monges por volta dos anos 300 a 600 d.C.

Quando, pelo ano 270, Antão tinha seus vinte anos, participando de uma liturgia, ouviu as palavras de Jesus: "Vai, vende tudo que tens, distribui o dinheiro aos pobres e terás um tesouro duradouro no céu; então, vem e segue-me!" (Mc 10,21). Estas palavras atingem o jovem em seu coração. Ele vende sua herança e se retira para o deserto. Primeiro ele se tranca em um castelo abandonado, não mantendo qualquer contato com o mundo. Ali, está ele só com Deus. Todavia, não é somente a Deus que ele encontra, pois encontra-se também consigo mesmo. É então que ele sente o tumulto do seu interior e é confrontado com sua própria sombra. As pessoas que passam diante do castelo ouvem uma luta barulhenta. Trata-se de uma luta demoníaca, a disputa com as forças do inconsciente, as quais se comportam como animais selvagens. Os demônios lançam-se sobre Antão com ruidosa gritaria, mas ele resiste. Confiando no auxílio de Deus, ele resiste à luta e persiste. E quando as pessoas arrombam seu castelo, vem-lhes ao seu encontro um homem "iniciado em profundo mistério e apaixonado por Deus". É assim que ele é caracterizado por Atanásio em sua célebre biografia: "Límpida era a constituição de sua alma. Ele nem se tornou carrancudo por meio do mau humor nem dava vazão à sua alegria, como também não precisou lutar com o riso e a timidez. Ao ver a multidão, não ficava perturbado e, quando tantas pessoas o saudavam, ele não se alegrava mas ficava perfeitamente igual em si mesmo, como alguém que a razão governa e que se encontra em seu estado natural. O Senhor curou, por meio dele, muitos daqueles que estavam presentes ali e sofriam no corpo, e purificou outros tantos dos demônios. O Senhor dava a Antão uma graça por meio de suas palavras, de maneira que consolava muitos aflitos e reconciliava entre si muitos que estavam em conflito" (ATANÁSIO, *VidAnt* 705).

A partir desse momento, Antão retira-se ainda mais profundamente para o deserto. Porém, mesmo ali, ele não permanece só. Seu exemplo faz escola. Por volta do ano 300 é possível encontrar eremitas em todos os lugares no deserto. Muitos deles são discípulos de Antão. Outros ainda tornaram-se monges mesmo não dependendo dele. A ansiedade de buscar a Deus na solidão, e como monge, era evidentemente nessa época algo tão marcante, que surgiram celas por toda a região. Estas celas dos monges mantinham uma certa distância umas das outras. Era o tempo em que o cristianismo tornara-se a religião do Estado e a força da fé já esmorecera. Foi também nessa época que os monges quiseram viver mais radicalmente o seguimento de Cristo como "mártires" e como testemunhas da fé. E foi assim que surgiu o movimento monástico nos mais variados lugares.

Este movimento tinha suas raízes nos círculos ascéticos dos primeiros cristãos. A Igreja primitiva estava toda ela tão desligada do mundo que se poderia mesmo dizer que, nessa época, praticamente todas as pessoas eram monges. No século II os ascetas formaram núcleos de comunidades em torno dos quais os fiéis se agrupavam, a fim de resistir à hostil atmosfera do Império Romano em que viviam como cristãos.

Mas é somente lá pelo ano 300 que o movimento monástico ganha expressão. Os monges fixam residência simultaneamente em diferentes lugares; primeiro, em regiões inabitadas, e, posteriormente, no deserto. Os cientistas discordam entre si sobre a origem do monaquismo. É evidente que não há somente origens cristãs. Como também não é somente a Bíblia que chama ao monaquismo. O monaquismo é um movimento humano universal que pode ser constatado em todas as religiões. Há uma ansiedade originária no homem de poder unir-se a Deus, vivendo unicamente para ele e preparando-se, por meio da ascese e da renúncia espiritual ao mundo, para a visão de Deus. Os monges cristãos perseguiam esta ansiedade. Eles, porém, já interpretavam esta ansiedade a partir da Bíblia e encontravam nela a fundamentação para seu radical seguimento de Cristo. Neste processo também tiveram influência as representações da filosofia grega. Muitos pensamentos e práticas dos monges assemelham-se aos dos pitagóricos, por exemplo. O nexo da ascese com a mística da visão de Deus é tipicamente grego. O vocabulário ascético tem sua origem, em grande parte, "na linguagem da filosofia popular helenista" (HEUSSI. *Ursprung...* 292), e é dele que derivam palavras tais como ascese, anacorese (o retirar-se do mundo), monge (*monachos,* isto é, aquele que se isola), *koinobion* (comunidade de monges) e muitas outras mais.

Por volta do ano 300, numerosos monges, vindos de todas as partes, se retiraram para o deserto. Era ali que eles trabalhavam e rezavam durante todo o dia, jejuavam e se superavam ao mesmo tempo na ascese. Não foram eles que descobriram a ascese, mas assimilaram em suas práticas o que encontraram em movimentos de outras religiões. Pois, sem o conhecimento da prática ascética, sua vida solitária no deserto teria terminado num fracasso psicológico e numa loucura. Os monges assimilaram a sabedoria e a experiência que os ascetas anteriormente tinham reunido das mais diversas religiões e dos círculos filosóficos. Somente assim é que eles puderam aceitar que passassem sua vida em constante solidão e vigilância, como também puderam estar dispostos a uma contínua busca de Deus. Desse modo eles adquiriram um grande conhecimento sobre a natureza humana e uma real impressão de Deus.

Os padres monásticos tornaram-se os psicólogos dessa época. Pois é na solidão que eles observavam rigorosamente seus pensamentos e seus sentimentos; e, aos domingos, quando se reuniam e celebravam a eucaristia, conversavam com seu *abbas,* quer dizer, seu pai espiritual, de modo que sua luta ascética não tomasse um rumo errado. Eles conversavam sobre seus pensamentos e seus sentimentos, sobre seus hábitos e seu caminho para Deus. Foi desse modo que surgiu a assim chamada confissão monástica, na qual não se tratava em primeiro lugar do perdão dos pecados, mas o que estava em jogo era o acompanhamento espiritual, a direção da alma. Era uma forma originária do diálogo terapêutico do modo como tem sido desenvolvido pela psicologia moderna. Em todo caso, um grande número de homens peregrinavam das cidades, até mesmo do além-mar, de Roma, ao encontro dos eremitas, que se haviam retirado do mundo, para lhes pedir conselho. Do mesmo modo que hoje em dia grande número de pessoas que buscam a verdade peregrinam aos gurus da Índia, assim também nessa época pessoas de todos os recantos locomoviam-se para o deserto do Egito. Elas percebiam evidentemente que ali moravam homens que compreendiam algo do ser humano e falavam de um modo autêntico a respeito de Deus por terem-no experimentado verdadeiramente.

No ano de 323, pai Pacômio fundou um mosteiro perto de Tabennisi, região norte do deserto egípcio. Quando os eremitas ainda se encontravam sob um regime de organização bastante difuso, Pacômio fundou ali uma primeira comunidade de monges, a qual ele nitidamente estruturou. Formaram-se assim grandes mosteiros com mais de mil monges, e rigidamente organizados, que se tornaram exemplos para todos os mosteiros que então foram surgindo gradativamente por toda parte, tanto no Oriente como no Ocidente, até que puderam presenciar, historicamente falando, na fundação beneditina de Monte Cassino, seu ponto culminante. Nestes mosteiros vivia-se de modo consciente a fé cristã em comunidade. A nostalgia da Igreja primitiva, pela comunidade na qual – conforme diz o evangelista Lucas – todos eram um só coração e uma só alma e tinham tudo em comum (cf. At 4,32s.), norteava os monges a procurar a Deus comunitariamente.

Esta comunhão entre pobres e ricos e entre os diferentes grupos étnicos foi, justamente para a época da invasão dos povos bárbaros, um sinal de que o reino de Deus havia chegado. Embora os monges tivessem se retirado do mundo para a solidão, eles cunharam porém o mundo com uma tal força como nenhuma outra no declínio da Antiguidade. Bento de Núrsia, que no clima instável da migração dos povos fundou um pequeno mosteiro no Monte Cassino, já se tornara um "padre do Ocidente". E os mosteiros que viveram a partir de sua regra formaram a cultura do Ocidente, tanto através de sua oração como de seu trabalho, e desenvolveram um estilo de vida bem determinado, que marcou a Europa durante longo tempo.

Na segunda metade do século IV, os monges já costumavam transmitir as sentenças dos grandes patriarcas. Ainda que suas palavras tivessem sido proferidas dentro de uma situação e para perguntas bem concretas, "mesmo assim se percebia que a sentença (apotegma) do patriarca repleto do Espírito adquiria um significado de longo alcance e universal. Mas então ainda não se produziu nenhuma coletânea de sentenças. Pouco a pouco surgiram compilações mais extensas que encontraram ampla divulgação por toda a cristandade. Existiam cerca de 160 manuscritos gregos" (MILLER. *SabPad* 17).

No que segue nós procuramos explorar, antes de mais nada, estas sentenças dos patriarcas. Percebemos que elas provêm da experiência e nunca permaneceram meramente teóricas. Elas oferecem instrução e estão repletas de sabedoria. No entanto, nós não devemos ver nas sentenças dos patriarcas máximas universais válidas para a vida espiritual. Sendo sempre pronunciadas dentro de uma situação bem concreta, trata-se de uma palavra apropriada para este ou aquele interrogador ou, então, um caminho terapêutico adequado para estes homens. E é por esta razão que muitas palavras parecem ser unilaterais e exageradas. "Aqui não são proferidas verdades para todo mundo. A palavra sempre é pensada para uma pessoa bem determinada e para uma situação também determinada. Ela serve como um aguilhão que deve estimular o monge a fazer o que é necessário naquele instante e, de preferência, imediatamente, quer dizer, hoje, hoje mesmo, não deixando para o dia de amanhã" (JOÃO CASSIANO. *AscAlm* 11).

O que os apotegmas transmitem com referência a uma determinada situação foi descrito sistematicamente por Evágrio Pôntico (345-399 d.C.). Evágrio – em latim, Evagrius – era grego e teólogo formado que, por circunstâncias históricas, teve de fugir de Constantinopla, vindo a tornar-se monge no Egito. Iniciado no monaquismo por um patriarca, torna-se imediatamente um pai espiritual muito procurado. E apesar de sempre de novo combatido, tornou-se ele um perito no tratamento dos pensamentos e dos sentimentos, na luta com os demônios. Muitos irmãos procuram-no e lhe pedem conselho para suas lutas espirituais. Paládio, um discípulo de Evágrio, escreve: "Seu costume era o seguinte: os irmãos reuniam-se em sua casa aos sábados e domingos. Falavam com ele sobre seus pensamentos durante toda a noite e ouviam suas vigorosas palavras até o raiar do dia. Então, cheios de alegria, iam embora e louvavam a Deus. Pois sua instrução era verdadeiramente muito afável" (EVÁGRIO. *CartDes* 48).

A pedido de muitos daqueles que de algum modo realizavam uma busca ascética, Evágrio descreve suas experiências e dá orientação a muitos monges em suas lutas espirituais. Seus escritos são sempre escritos de ocasião e redigidos para determinados monges que os solicitavam. Acerca dos livros de Evágrio, escreve-nos Paládio: "Seu intelecto tornou-se tão transparente e o seu conhecimento e o seu discernimento eram de uma sabedoria tão grande que lhe era possível diferenciar as diversas ações dos demônios. Ele também era muito versado nas Sagradas Escrituras e nos ensinamentos ortodoxos da Igreja Católica. De sua erudição, de seu conhecimento e de sua apurada compreensão dão testemunho os livros que ele deixou escritos" (EVÁGRIO. *CartDes* 52s.).

Os escritos de Evágrio tornaram-se, ao longo dos séculos, as bases espirituais dos monges. Mesmo que Evágrio se arrependesse das desavenças que teve com antiorigenistas de má fama, seus escritos acabaram sendo proibidos pela Igreja. Fato é que também os monges contribuíram para que muitos de seus escritos fossem atribuídos a São Nilo. Assim, apesar da censura eclesial, tais escritos tornaram-se a norma para a vida moral. No Ocidente, foi Cassiano – um dos discípulos de Evágrio – quem teve o cuidado de conservar a sabedoria de seu mestre em um ou outro de seus livros. Cassiano foi, depois da Bíblia, o autor mais amplamente lido e divulgado durante a Idade Média. No que segue, nós tentaremos expor e tornar fecundo, para os dias de hoje, alguns aspectos da espiritualidade como os encontramos nos apotegmas de Evágrio, Cassiano e outros escritores monásticos.

1

A ESPIRITUALIDADE A PARTIR DA BASE

A espiritualidade que a teologia moralizante da modernidade tem transmitido parte de cima. Ela nos apresenta grandes ideais que nós devemos alcançar. Semelhante ideal consiste na abnegação, no autodomínio, na amabilidade constante, no amor desinteressado, na liberdade diante da cólera e no domínio da sexualidade. A espiritualidade a partir de cima possui certamente uma importância positiva para pessoas jovens, à medida que ela as desafia e testa sua força. Ela impele tais pessoas a crescerem a partir de si próprias e a esforçarem-se por alcançar objetivos. Todavia, não raro ela também nos leva a saltar por cima da nossa própria realidade. Nós nos identificamos de tal modo com os ideais, que acabamos recalcando nossas próprias fraquezas e limites pelo fato de eles não corresponderem ao ideal. Isso conduz certamente a uma divisão, mas é justamente esta divisão que nos torna doentes. Esta divisão muitas vezes se evidencia em nós na discrepância existente entre o ideal e a realidade. E, por não sermos capazes de reconhecer que não correspondemos ao ideal, acabamos projetando nossas incapacidades sobre os outros, sendo desse modo por demais rigorosos para com eles.

É assombroso que, muitas vezes, mesmo pessoas mais piedosas reajam de maneira até bastante brutal se, por alguma razão qualquer, algum teólogo acaba expondo uma opinião diferente. Cito aqui um exemplo: certa vez, em

Würzburg, foi organizada uma exposição de arte pela autoridade diocesana com o seguinte tema: "O ser humano Maria". O próprio bispo sentiu-se obscena e brutalmente agredido. Uma brutalidade, porém, que amiúde é sinal de sexualidade reprimida. Tais pessoas acham que deveriam defender a piedade, mas, na realidade, acabam agindo de modo bastante impiedoso e militante. Os representantes de uma tal espiritualidade que nasce de cima não percebem absolutamente que sua argumentação nasce da cintura para baixo.

Os padres do deserto nos ensinam uma espiritualidade a partir da base. Eles nos mostram que devemos principiar em nós e em nossas paixões. Para os padres do deserto, o caminho para Deus sempre conduz ao autoconhecimento. Certa vez, Evágrio Pôntico formulou isso da seguinte maneira: "Se queres conhecer a Deus, aprende primeiramente a conhecer a ti mesmo!" Sem o autoconhecimento corremos sempre o perigo de nossos pensamentos acerca de Deus serem meras projeções. Há também pessoas piedosas que, diante de sua própria realidade, se refugiam na piedade. Elas não se transformam realmente por suas orações e atitude piedosa, mas aproveitam-se da piedade unicamente para se vangloriarem diante dos outros e confirmarem sua infalibilidade.

Nos padres do deserto, porém, vem ao nosso encontro uma forma de piedade totalmente diferente. Aí se questiona, antes de tudo, acerca da sinceridade e da autenticidade. No entanto, isso conduz a uma compreensão afetuosa em relação a todos aqueles que não trilham o mesmo caminho. Poimen, um comprovado patriarca, remete um grande teólogo para a espiritualidade a partir da base. O ilustre teólogo desejava muito conversar com o patriarca Poimen sobre a vida espiritual, sobre as coisas do céu e sobre a trindade de Deus. Poimen, porém, não responde a nada disso, ficando tão somente a escutar. Já irritado, o teólogo se prepara para deixar o padre monástico. Aí, um de seus companheiros se dirige a Poimen e lhe diz: "'Pai, foi por tua causa que veio este grande homem, tão reconhecido em sua terra. Por que não conversaste com ele?' Em resposta, disse-lhe o ancião: 'Ele está nas nuvens e fala de coisas espirituais. Eu sou aqui de baixo e falo de coisas terrenas. Se ele me tivesse falado das paixões da alma, ter-lhe-ia respondido. Mas como fala sobre coisas espirituais, não sou capaz de compreendê-las'" (*Apot* 582).

É que o teólogo parte de uma espiritualidade a partir de cima. Ele fala diretamente de Deus e de coisas espirituais. Para Poimen, porém, o caminho espiritual começa nas paixões da alma. São as paixões da alma que devem ser primeiramente observadas e é com elas que se deve lutar. É somente então que se compreende algo acerca de Deus. Sim, o tratamento das paixões é, para Poimen, o caminho até Deus.

O encontro do teólogo com Poimen termina com estas palavras do discípulo de Poimen ao hóspede aborrecido: "'O ancião não tem facilidade de discorrer sobre a Escritura, mas, em se tratando das paixões da alma, ele tem uma resposta'. O hóspede arrependeu-se e foi para onde se encontrava o ancião e lhe disse: 'Que devo fazer quando as paixões da alma se apoderam de mim?' Então o ancião o ouviu e lhe disse com alegria: 'Agora vieste corretamente; abre tua boca para estas coisas e a encherei de riquezas'. Ele, muito edificado, disse então: 'Este é o verdadeiro caminho!' E, dando graças a Deus por haver merecido encontrar semelhante santo, voltou para sua terra" (*Apot* 582). Depois que eles passam a conversar sobre as paixões da alma, seu diálogo torna-se sério, e tocam um no coração do outro e tangem conjuntamente em Deus. E, repentinamente, Deus se torna sensível e se lhes apresenta como meta de seu caminho.

De pai Antão é-nos transmitida a seguinte palavra: "Quando vires um jovem monge que almeja o céu por sua própria vontade, segura seus pés, puxa-o para baixo, porquanto isto não lhe serve para nada" (SMOLITSCH. *Leben...* 32).

Não é conveniente que pessoas jovens pratiquem a meditação cedo demais e sigam o caminho da mística. Elas devem primeiramente saber distinguir o que constitui sua própria realidade. Elas devem encarar suas paixões e lutar com elas. Somente então é que tais pessoas podem pôr-se interiormente a caminho; somente então elas podem fixar seu coração plenamente em Deus. Há, hoje em dia, muitas pessoas que ficam fascinadas cedo demais por caminhos de espiritualidade. Pensam que podem seguir estes caminhos sem antes terem seguido o penoso caminho do autoconhecimento e do encontro com o seu próprio lado sombrio. Os monges advertem-nos acerca de uma espiritualidade desmedida. Este excesso facilmente nos leva a fazer o mesmo que aconteceu a Ícaro, que, aproximando-se demasiadamente do sol, caiu por ter construído asas de cera. De modo semelhante, as asas que nós construímos antes de nos encontrarmos com nossa própria realidade são também simplesmente de cera. Estas não conseguem sustentar-nos. Os americanos chamam o caminho deste voo espiritual descuidado de *spiritual bypassing,* que não é nada menos que um certo atalho espiritual. Um grande perigo está no fato de querermos fazer uso da meditação para nos desviar dos problemas que nós mesmos deveríamos resolver. Problemas tais como é o caso, por exemplo, de nossa sexualidade recalcada, de nossas agressões e angústias reprimidas. É por isso que, quando certas pessoas jovens manifestam pensamentos por demais piedosos, eu sempre procuro mostrar-lhes o outro polo que, concretamente falando, pode ser tanto o dia a dia em sua concretude como o trabalho, a escola, o estudo. Eu não recuso seus pensamentos e caminhos piedosos e nem procuro ridicularizá-los, uma vez que isso não me compete. Pois há, em sua piedade, uma ansiedade que é por demais autêntica. Contudo, é importante que sua piedade seja trazida para o chão do cotidiano e que ela penetre em seu dia a dia e em seu trabalho.

São Bento definiu esta espiritualidade a partir da base em seu capítulo sobre a humildade, isto é, sobre a *humilitas*. Ele toma a escada de Jacó como imagem para nosso caminho até Deus. O paradoxo do nosso caminho espiritual está no fato de subirmos para Deus à medida que nos rebaixarmos até nossa própria realidade. E é assim que ele entende a palavra de Jesus que diz: "Quem se humilha a si mesmo, será exaltado" (Lc 14,11; 18,14).

É descendo para dentro de nossa condição terrena (*húmus, humilitas*) que nós entramos em contato com o céu, com Deus. Pois, à medida que nós temos a coragem de descer até as nossas próprias paixões, elas nos elevam a Deus. Por ser esta humildade o caminho mais vil e desprezível para se chegar a Deus, isto é, por ser ela o caminho da própria realidade para se alcançar o verdadeiro Deus, é que ela foi tão exaltada pelos padres monásticos. Aquele, porém, que almeja o céu com facilidade, nada encontra além de sua imagem pessoal a respeito de Deus e suas próprias projeções.

Também Isaac de Nínive viu na imagem da escada de Jacó uma imagem para ascender a Deus por meio do rebaixamento: "Esforça-te para entrar na câmara do tesouro que está em teu próprio interior, pois é assim que haverás de ver a câmara do tesouro celestial! Porque tanto esta como aquela são a única e mesma câmara. E, à medida que entrares, haverás de avistar a ambas! A escada para o reino do céu está escondida em tua alma. Mergulha para dentro dos pecados que estão em ti mesmo e, assim, encontrarás ali uma escada pela qual poderás ascender" (Isaac 302).

O que precisamos fazer é, através dos pecados, mergulhar dentro de nossa profundidade mais abissal. Porque é a partir do mais baixo que poderemos ascender até

Deus. Esta ascensão para Deus corresponde à ansiedade originária do homem. A filosofia de Platão já girava em torno disso, isto é, segundo ele o homem só ascende até Deus por meio de seu espírito. Os padres da Igreja veem em Jesus Cristo, antes de ele ser elevado ao céu (cf. Ef 4, 9) e pelo fato de ser aquele que por primeiro se rebaixou, um outro modelo para a nossa ascensão até Deus. Desse modo, antes de podermos comunitariamente e por meio de Jesus ascender até Deus, nós devemos, antes de mais nada, rebaixar-nos para dentro de nossa humanidade da maneira como Deus o fez em Jesus.

Somente o humilde que está preparado a abraçar seu húmus, sua humanidade, sua terrenidade, sua sombra, experimentará o Deus verdadeiro. Por isso sempre de novo podemos ouvir o elogio da humildade. A humildade é o caminho para Deus. Ela é a característica mais manifesta de que um homem se transformou segundo a medida de Deus. Diz mãe *Teodora:* "Nem ascese nem vigílias ou qualquer outra ação penosa proporcionam a salvação, mas tão somente a humildade sincera... Vês que a humildade é um vencedor dos demônios!" (MILLER, *SabPad* 6). E o diabo, que mede suas forças com Macário por meio da ascese, precisa reconhecer: "'Somente numa coisa tu me és superior'. Então pai Macário perguntou: 'E que coisa é esta?' Aí o diabo lhe respondeu: 'Tua humildade. E é por isso que eu não me ponho contra ti'" (MILLER. *SabPad* 11). Diz ainda Poimen: "O homem necessita da humildade e do temor de Deus como necessita da respiração que lhe sai das narinas" (MILLER. *SabPad* 49).

Para os monges, é a humildade que os anima a buscar a verdade e os faz abraçar sua própria terrenidade e humanidade. Os monges testam-se uns aos outros na humildade, a fim de experimentarem se realmente são homens de Deus. "Um certo monge foi elogiado pelos irmãos na presença de pai Antão. Então este o recebeu e provou-o a fim de saber se era capaz de suportar as injúrias. E observando que não as suportava, lhe disse: 'Pareces uma aldeia muito adornada em sua frente, mas que pelos fundos é devastada por salteadores'" (*Apot* 15).

"A bem-aventurada Sinclética disse: 'Assim como é impossível construir um navio sem pregos, do mesmo modo também um monge sem humildade não pode ser bem-aventurado'" (*Apot* 1063). A humildade é o teste para uma vida a partir do espírito de Deus, mas ela é também o fundamento sobre o qual o monge constrói sua vida. Sem humildade ele está continuamente no perigo de pôr Deus a seu serviço. A humildade é a condição prévia para que ele deixe Deus ser Deus, para que ele desenvolva um sentimento para com o Deus totalmente diferente. Quanto mais próximo um homem chega de Deus, tanto mais humilde ele se torna. Pois é aí que ele sente, enquanto homem que é, o quanto está distante da santidade de Deus. A humildade é a resposta para a experiência de Deus.

Às vezes os monges também falam a respeito de como nós podemos aprender a humildade: "Certa vez um ancião foi perguntado: 'O que é a humildade?' E ele respondeu: 'A humildade é uma grande obra; uma obra divina! O caminho para a humildade, porém, deve ser este: realizar trabalhos corporais, considerar-se um homem pecador, submeter-se a todos'. Aí o irmão lhe perguntou: 'O que significa ser submisso a todos?' E o ancião replicou: 'Ser submisso a todos é quando alguém não presta atenção às falhas dos outros, mas antes atenta para as próprias, e quando alguém suplica sem cessar a Deus'" (*Apot* 1083).

Desse modo, o patriarca aponta exercícios concretos de como o monge pode aprender a humildade. Estes exercícios se apresentam a nós como sendo demasiadamente negativos. E, no entanto, o que está em jogo nestes exercícios é eu ver e abraçar minha própria verdade em vez de preocupar-me com os pecados dos outros. Pois humildade significa que eu sigo a Cristo de uma maneira silenciosa e não que eu fique vociferando por aí diante de todos dizendo o que faço de bom. Assim diz um patriarca: "Como um tesouro, uma vez aberto, é diminuído, do mesmo modo diminui uma virtude que tenha sido posta em público. Pois, como a cera derrete por estar próxima ao fogo, assim também a alma perde grande parte de sua intenção pura quando diluída pelo elogio" (*Apot* 1054). Diz ainda um outro padre do deserto: "É impossível que a planta e a semente sejam produzidas ao mesmo tempo. Do mesmo modo é impossível, acrescenta ele, gozarmos do elogio e da glória do mundo e ainda produzirmos frutos para o céu" (*Apot* 1053). O fruto do Espírito Santo só poderá crescer em nós se formos capazes de renunciar a mostrá-lo a todas as pessoas ou declará-lo de algum modo às pessoas que nos cercam.

A espiritualidade a partir da base mostra-nos que chegamos a Deus por meio de uma rigorosa auto-observação e por um sincero autoconhecimento. O que Deus quer de nós não podemos conhecer por meio de altos ideais que colocamos para nós mesmos. Pois é nisso que justamente, não raras vezes, se manifesta tão somente a nossa ambição. Queremos alcançar altos ideais para darmos a impressão de estar bem diante dos outros e também diante dele. Segundo a espiritualidade a partir da base, acredita-se mesmo ser possível que eu descubra tanto a vontade de Deus quanto minha vocação a partir de mim mesmo, mas isso unicamente se eu tiver a coragem de rebaixar-me na intenção de ocupar-me com minhas paixões, com meus instintos e com minhas necessidades e desejos. Segundo esta espiritualidade, o caminho para Deus passa por minhas fraquezas e vai ao encontro da minha fraqueza. Na minha fraqueza sou capaz de reconhecer o plano que Deus tem para comigo e o que ele poderá fazer de mim quando ele realizar totalmente sua graça em mim.

A espiritualidade a partir de cima, por exemplo, reage contra a raiva que surge em mim, reprimindo-a ou recalcando-a: "A raiva não deve existir. Como cristão, eu preciso ser sempre amável e equilibrado. Eu preciso dominar minha raiva". A espiritualidade a partir da base deveria ter um outro significado e é o seguinte: que eu me pergunte a mim mesmo o que Deus gostaria de dizer-me através de minha raiva. É possível, então, que minha raiva esteja apontando para uma ferida mais profunda. E possível que eu encontre, em minha raiva, a criança ferida que está em mim e que, com raiva impotente, está reagindo diante dos pais e professores por ter sido ferida. E provável ainda que minha raiva me mostre que eu atribuí demasiado poder aos outros. Desse modo, a raiva seria a força para livrar-me do poder dos outros, estando assim aberto para Deus. A raiva não é algo mau de antemão, mas pode apontar-me o caminho para meu verdadeiro eu.

Por meio de minha raiva eu entro em contato com a fonte de minhas energias, na qual o próprio espírito de Deus brota em mim. E é desta forma que minha raiva me conduz ao Deus que pode me dar vida. A raiva se defende contra tudo quanto gostaria de tirar de mim a vida de Deus. Onde está o maior dos meus problemas, ali está também a maior de todas as chances, ali está também meu tesouro. É ali que eu entro em contato com minha verdadeira essência. E é ali que alguma coisa poderá ganhar vida e desabrochar.

O caminho para Deus passa pelo encontro comigo mesmo, pelo rebaixamento para dentro de minha realidade.

Tive a experiência de poder acompanhar uma religiosa que frequentemente entrava em depressão. Sempre que ela reparava ou criticava uma das suas companheiras, se sentia como se estivesse num fosso. Ela esperava, através da meditação, poder livrar-se de sua irritabilidade e de sua depressividade. Contudo, à medida que o acompanhamento ia evoluindo, foi-se evidenciando também que tudo isso era vontade própria, que com isso ela queria fazer uso de Deus de modo que ele a fizesse não só prosperar aos próprios olhos como também perante os outros e que, por fim, ela pudesse estar livre de sua irritabilidade. Ela queria fazer uso de Deus para si própria e, no caminho para Deus, ela queria passar ao largo de sua depressividade. Através do diálogo, no entanto, foi-se tornando cada vez mais claro para ela mesma que se tratava de um descaminho. E ela pôde descobrir então que poderia encontrar a Deus por meio de sua tristeza. Pois quando ela entra em contato com sua depressão, em contato com sua incapacidade de superar sua sensibilidade, quando admite ter lesado profundamente suas companheiras, que ela simplesmente ocasiona dor, então, sobre o fundamento desses sentimentos, sobre o fundamento de sua fraqueza, está ela em condição de experimentar de repente uma profunda paz. É nesse momento que ela pode abandonar-se em Deus. Sente que sua sensibilidade não deve ser superada, mas até precisa existir. É assim que a religiosa desiste da luta e se entrega a Deus e isso a torna realmente livre. Então ela encontra o Deus verdadeiro, o Deus que a tira do abismo, que a tira da mais profunda lama, o Deus que caminha ao seu lado através do fogo e da água. É então que ela, de repente, é tocada por Deus em seu coração. É então que todas as suas próprias representações de Deus sucumbem e o Deus verdadeiro pode ser percebido como o Deus que a carrega, como o Deus que a liberta e ama.

Doróteo de Gaza disse certa vez: "Teu entulho, diz o profeta (Jr 2,19), seja teu pedagogo" (DORÓTEO. *DiaEsp* 41). Onde nós caímos, onde nos afastamos de Deus, é que aprendemos uma lição, a lição que nossas virtudes não são capazes de nos ensinar. Justamente onde nos deparamos com nossas fraquezas pessoais é que nos tornamos abertos para Deus. Deus nos educa justamente também por meio de nossos fracassos, através de nosso "entulho". Ele nos conduz pelo caminho da humildade e é somente este caminho que conduz a Deus.

Doróteo acredita na importância das nossas quedas a ponto de dizer: "Nada acontece sem Deus. [...] Deus sabia que isso seria saudável para minha alma, e foi por esta razão que aconteceu como tinha de acontecer. Pois de tudo o que Deus deixa acontecer não há nada que seja inoportuno; ao contrário, tudo é totalmente conveniente e oportuno" (DORÓTEO. *DiaEsp* 157s.). Tudo tem seu sentido; também minhas paixões e meus pecados. São eles que, de uma forma mais eficaz do que minha disciplina, me encaminham para Deus, garantia única de uma vida bem-sucedida. Não posso garantir nada para mim mesmo, pois haverei de cair sempre de novo. Mas Deus haverá de conduzir-me pelo caminho para sua glória apesar de todas as dificuldades e de todo entulho.

A seguir serão apresentados alguns aspectos desta espiritualidade a partir da base, da maneira como eles foram vividos pelos primeiros monges. Neste caso é importante, a meu ver, que os temas desta espiritualidade sejam sempre de novo interpretados de acordo com o tempo em que vivemos hoje. À primeira vista, muitas das palavras dos patriarcas nos são estranhas e talvez até duras e ásperas. Todavia, quando nós começarmos a olhar e a ouvir com mais rigor, é possível que elas nos conduzam para dentro de um mundo de amor e de misericórdia, de verdade e liberdade, introduzindo-nos no mistério de Deus e dos homens. É por isso que estas palavras são mistagógicas, isto é, conduzem para dentro do mistério e não moralizantes, visando à correção.

Depois de alguns temas, típicos das sentenças dos patriarcas, temos a intenção de voltar-nos para a exposição sistemática de Evágrio Pôntico, uma vez que é ele quem expõe resumidamente a espiritualidade dos padres do deserto.

2

PERMANECER EM SI MESMO

Os patriarcas aconselham repetidamente a permanecer na cela, a auto-suportar-se e a não fugir de si mesmo. *Stabilitas,* a estabilidade – ou seja, o autossuportar-se ou o permanecer-em-si – é a condição para todo progresso humano e espiritual. São Bento vê na *stabilitas,* isto é, na estabilidade ou na permanência, o remédio para a doença de sua época, que é a época da invasão dos povos bárbaros, da incerteza e da incessante movimentação. *Stabilitas* significa, para ele, a permanência na comunidade na qual se ingressa. E isto significa, para São Bento, que a árvore precisa enraizar-se para poder crescer. O transplante continuado simplesmente retarda o seu desenvolvimento.

Entretanto, *stabilitas* significa, em primeiro lugar, permanecer em si mesmo, a capacidade de perseverar diante de Deus em sua própria cela. Por isso diz pai Serapião: "Filho, se queres ter proveito, permanece em tua própria cela, presta atenção em ti mesmo e em teu trabalho manual. Pois o sair por aí ao léu não te traz progresso profícuo como o permanecer em silêncio em tua cela" (*Apot* 878).

A cela é sinal da morada do monge, um pequeno espaço que o monge construiu para si mesmo e onde geralmente permanece a maior parte do seu tempo. E nela que ele permanece em oração e meditação. É também nela que ele trabalha, ocupando seu tempo com a confecção de cestos que ele irá vender no mercado uma vez por mês. Este conselho, de simplesmente não fugir de si mesmo, mas permanecer em sua cela, nós o encontramos sempre em novas variações: "Um irmão veio a Scete para visitar pai Moisés, pretendendo obter dele uma palavra. O ancião lhe disse: 'Fora! Vai para tua cela e senta-te, pois ela haverá de te ensinar tudo'" (*Apot* 500). "Alguém disse a pai Arsênio: 'Meus pensamentos me afligem, dizendo-me: Não podes jejuar nem trabalhar, visita ao menos os enfermos, pois também isso é caridade'. O ancião, porém, que conhecia as sementes dos demônios, lhe disse: 'Vai e come, bebe e dorme e não trabalhes, simplesmente não abandones tua cela!' Pois ele sabia que o perseverar na cela conduz o monge para a sua reta ordem" (*Apot* 49).

O monge pode fazer de tudo. Não precisa sequer exercitar-se em ascese alguma. Tampouco precisa rezar, se tão somente for capaz de permanecer em sua cela. Pois desta forma algo se transformará nele, devendo desse modo entrar em ordem interiormente. Assim, ele se confortará com todo o caos interior que aparece nele e desistirá de fugir desta situação.

Mas não basta simplesmente permanecer em sua cela. Acerca de pai Amonas é-nos transmitida a seguinte palavra: "Um homem pode permanecer em sua cela durante cem anos sem contudo aprender o modo adequado de como se deve permanecer nela" (*Apot* 670). Como, então, deve o monge permanecer em sua cela? Pensa-se aqui numa atitude exterior do corpo, num modo determinado de permanecer em meditação, que mantém alguém em vigília? Ou trata-se aqui da atitude interior ao permanecer na cela?

Supõe-se que pai Amonas esteja pensando na atitude da *stabilitas,* isto é, da estabilidade. Não é um estar sentado no qual me entrego a devaneios, no qual cochilo, mas é um estar sentado no qual sinto e permaneço na presença de Deus. Nessa situação eu permaneço imóvel. Mesmo quando em mim tantas coisas se agitam, mesmo quando os pensamentos de vez em quando me assaltam de todos os lados, ainda assim permaneço imóvel. Eu resisto. E assim, através da serenidade exterior, a tormenta dos pensamentos e dos sentimentos haverá de serenar.

A atitude interior, na qual o monge deve manter-se em sua cela, é descrita por outro patriarca através de uma imagem bastante enérgica: "Quando te encontrares no deserto como hesicasta (isto é, como aquele que exercita a serenidade e medita), não imagines que estás fazendo grande coisa. Mas, pelo contrário, comporta-te como um cachorro que, para não morder e importunar as pessoas, é amarrado e expulso para longe da multidão" (N 573). O monge não fica sentado em sua cela por considerar-se melhor do que as pessoas do mundo. Ao contrário, retira-se para dentro de sua cela, a fim de proteger o mundo exterior diante de si mesmo. E o que ele ali realiza é uma forma espiritual de proteger o mundo circundante. No minúsculo lugar de sua cela o monge liberta o mundo exterior do rancor e da cólera, instituindo assim uma porção de atmosfera mais pura, de amor e misericórdia.

Os monges estão cientes do perigo da dispersão. Pois há também a dispersão espiritual em que se elaboram muitos pensamentos sobre Deus e sobre a vida espiritual. Motivado só por pensamentos ninguém chega realmente a Deus. O permanecer na cela, quer dizer, o suportar-se a si mesmo, é o pressuposto para todo real progresso espiritual como também para a maturidade humana. Não há homem maduro que não tenha tido a coragem de suportar-se a si mesmo e de encontrar-se com sua própria verdade. Uma das narrativas dos monges compara a permanência na cela com a água parada na qual é possível reconhecer mais nitidamente a própria face: "Três estudantes, que muito se estimavam, acabaram se tornando monges. Cada um deles propôs-se realizar uma boa obra. O primeiro contou que queria converter os lutadores a uma situação de paz, guiando-se, para tal fim, pela palavra da Escritura que diz: 'bem-aventurados os pacíficos'. O segundo pretendia visitar os doentes. O terceiro, por sua vez, foi para o deserto no intuito de viver ali em serenidade. O primeiro, que se empenhou com os lutadores, não podia, de forma alguma, curar a todos e cansou-se. E, vencido pelo desalento, foi ao encontro do segundo, o qual servia aos doentes, e encontrou-o também em estado de depressão. Também este não conseguia completar plenamente seu propósito. Concordaram então em ir visitar o terceiro que havia ido para o deserto e contaram-lhe suas aflições e pediram que lhes contasse com sinceridade o que havia alcançado. Ele calou-se por uns instantes, deitou água num vaso e disse que olhassem para dentro dele. A água, porém, ainda se encontrava completamente em movimento. Depois de um certo tempo mandou que olhassem novamente para dentro do vaso e disse: 'Observem agora como a água se aquietou'. E eles, olhando novamente para dentro do vaso, puderam ver seus próprios semblantes refletidos na água como se estivessem a olhar para um espelho. Diante disso, o outro monge continuou: 'Assim acontece àquele que se encontra entre os homens; pois é por causa de sua inquietação e confusão que não consegue ver seus pecados. Entretanto, aquele que se mantém em silêncio e, principalmente, aquele que se mantém na solidão, este não tardará em ver suas próprias falhas'" (*Apot* 987).

Não se condena aqui o amor ao próximo. Mostra-se, antes, o perigo que pode esconder-se no querer ajudar o outro. Pensamos que podemos ajudar todo mundo. Entretanto, por trás disto esconde-se frequentemente um sentimento de onipotência. Pois em tudo o que fazemos necessitamos sempre de novo ser capazes de nos suportar a nós mesmos, de permanecer na cela e calar. E é através desta atitude que a água em nosso vaso se acalmará, de modo que possamos nela reconhecer nossa própria verdade.

Há sempre dois aspectos que devem ser cumpridos quando se permanece na cela: um é o autoconhecimento, o outro, o ser tomado completamente por Deus. "Pai Antão disse certa vez: 'É muito proveitoso que nós procuremos abrigo em nossa cela e que, ao longo de nossa vida, ponderemos bastante acerca de nós mesmos, até que saibamos qual é nosso modo de ser. Se suportares ficar na cela, então estarás atento para a tua morte. Se rezares continuamente, tanto de dia como de noite, então estarás aguardando tua própria morte'" (*Am* 35,13, III, 147).

"Um irmão perguntou a pai Antão: 'Pai meu, de que modo se deve permanecer sentado na cela?' E o ancião respondeu: 'Aquilo que aos homens é visível é o seguinte: jejuar até à noite durante todos os dias, estar vigilante e exercitar a meditação. Mas o que fica escondido aos homens é o desprezo de si mesmo, a luta contra os maus pensamentos, a benignidade, a meditação sobre a morte e a humildade do coração como fundamento de todo bem'" (*Am* 37,12, III, 148).

"Pai Macário o Grande disse certa vez: 'É necessário que o monge, que está em sua cela, concentre seu entendimento longe de todo tipo de preocupações do mundo, sem vagabundear por aí atrás de vaidades. É necessário também que ele esteja direcionado para uma única meta, que é a seguinte: orientar sempre de novo seu pensamento unicamente para Deus, não dispersar-se de modo a permitir que entre em seu coração algum tipo de dispersão mundana, nem mesmo pensamentos carnais, nem preocupações com os pais ou o consolo de sua família. Mas é necessário que mantenha seu espírito e todo seu sentido voltado para a presença de Deus, para realizar assim a palavra do Apóstolo que diz: que a virgem possa estar bem perto do Senhor e completamente livre da dispersão' (1Cor 7, 35)" *(Am* 170,7, III, 175).

Blaise Pascal, 1400 anos depois, percebeu que a causa da miséria humana está no fato de ninguém mais conseguir suportar-se a si mesmo em seu próprio quarto. Hoje em dia, passou a ser algo por demais normal a incapacidade de suportar-se e assim saltar de um lugar para outro. As pessoas se dispersam com uma facilidade tremenda. Basta ficar zapeando os canais da televisão de um programa para outro. No entanto, o que acontece em nossa alma? Nada mais pode amadurecer, nada mais pode crescer. Não acontece mais nenhuma verdade, uma vez que o amadurecimento carece de serenidade. E é a cela que nos conduz para a verdade. Ela confronta-nos com a nossa própria verdade. No entanto, este é o pressuposto fundamental para todo e qualquer amadurecimento humano. E é também a condição para uma convivência saudável.

Para os primeiros monges, porém, o encontro consigo mesmo é ao mesmo tempo o pressuposto fundamental para todo e qualquer autêntico encontro com Deus. Nossa religiosidade padece cada vez que nos desviamos do caminho. Em muitos homens piedosos percebe-se que eles querem por meio de sua religiosidade esquivar-se da própria verdade. Eles se refugiam em pensamentos e sentimentos piedosos para não precisarem encontrar-se consigo mesmos. Muitas pessoas piedosas têm até medo de se encontrarem consigo mesmas. Isso costuma manifestar-se frequentemente no medo que se tem em relação à psicologia. Vocifera-se contra o vício de gravitar psicologicamente em torno da própria alma, opondo-lhe, em contrapartida, o amor a Deus.

Porém, nestas horas, tem-se frequentemente a impressão de que aqui não se trata tanto do amor a Deus, de que esta censura contra a psicologia não aprofunda a piedade, mas nasce do medo diante da própria verdade. Tenho observado com frequência, nas conversas sobre espiritualidade, que os pensamentos piedosos são muito bem-intencionados, mas não se afinam com a verdade. O outro se refugia nesses pensamentos, numa argumentação piedosa. Além do mais, ele não tem a coragem de encarar diretamente os próprios pensamentos.

A espiritualidade dos monges é sincera. Ela não passa por cima da realidade humana. O caminho para Deus, ao contrário, passa pelo autoconhecimento. Os monges não falam sobre Deus, eles o experimentam. Eles procuram afastar todas as possibilidades de dispersão, a fim de poderem direcionar o espírito completamente para Deus. Pois quando permaneço na cela sem nada fazer, sem conjeturar pensamentos piedosos, sem nenhuma leitura, então eu percebo o que a realidade é. Nesta situação não posso mais me iludir a meu respeito, nem a respeito do meu relacionamento com Deus.

Eu posso até falar e escrever muito bem sobre o meu relacionamento com Deus, mas, quando tudo me é tirado das mãos e permaneço realmente a sós diante dele, então surge o sentimento de que tudo é maçante ou a suspeita de que tudo o que eu digo sobre Deus não tem sentido. No entanto, quando sou capaz de suportar este sentimento, quando não procuro imediatamente refletir sobre isso para poder escrever algo, mas simplesmente suporto tal situação, é aí que alguma coisa se põe em movimento e é neste momento que a verdade me atinge. Esta verdade pode até ser cruel num primeiro momento, mas é ela que liberta.

Assim, a permanência no interior da cela é um teste da realidade, um teste para ver se minha vida é coerente, um teste para ver se minha imagem de Deus é correta, um teste para ver se meu amor a Deus é autêntico. No interior da cela não me resta mais nenhuma possibilidade de me distrair e fugir para as atividades, de sonhar acordado. É justamente neste lugar que preciso me colocar. É então que Deus me pede explicações, colocando em questão tudo o que eu havia imaginado a respeito dele e sobre minha vida.

Na Idade Média, os monges cantaram repetidamente o elogio da cela. E desta época a sentença que diz: *Célia est coelum* – a cela é o céu. O céu em que o monge intimamente conversa com Deus. O céu em que a presença de Deus o envolve. É também desta experiência a seguinte sentença: *Célia est valetudinarium* – a cela é uma enfermaria em que posso recuperar a saúde. É um lugar de cura, um lugar em que a cura nos é concedida. Porque justamente aí é possível experimentar o amor de Deus e sua proximidade salvadora. Todavia, só posso fazer esta experiência positiva proporcionada pela cela se eu for capaz de permanecer em minha própria cela também, quando em mim tudo se rebela contra isso, quando a inquietação me domina. Somente quando eu tiver vencido esta primeira fase, poderei experimentar a cela como céu, o céu se abrirá sobre mim e minha pequena cela respirará a amplidão do céu, porque Deus mesmo está morando nela.

3

DESERTO E TENTAÇÃO

O deserto é um dos grandes temas do monaquismo. Os monges vão conscientemente para o deserto para ali estar a sós consigo mesmos e para procurar a Deus. O deserto era considerado pelos antigos como a morada dos demônios. Antão foi para o deserto na intenção de lutar com os demônios dentro de seu próprio domínio, isto é, dentro de sua própria habitação. A decisão de Antão de instalar-se no domínio dos demônios foi certamente uma decisão bastante heroica, mas foi também um desafio aos demônios na medida em que eles o visitavam e sempre de novo procuravam reconquistar seu próprio domínio e habitação, expulsando-o dali. Antão acreditava que, em empreendendo sua luta contra os demônios, também nos homens do mundo alguma coisa haveria de tornar-se mais transparente e saudável. Pois, se vencesse os demônios, então eles também teriam menos poder sobre os homens do mundo. Neste ponto, Antão, por meio de sua luta com os demônios, torna-se também um representante do mundo. No deserto Antão luta contra os demônios em favor dos homens. Esta é sua contribuição para a melhoria do mundo, pois, tendo-se retirado dele, se põe em luta com os demônios em vista de um mundo mais saudável. Segundo Antão, o deserto é o lugar em que os demônios se apresentam de uma maneira bastante clara, isto é, de uma maneira menos dissimulada. Assim como Jesus fora tentado pelo diabo no deserto ao ser conduzido para lá pelo Espírito Santo, do mesmo modo os monges que vão para o deserto precisam contar com a luta contra os demônios. O monge é essencialmente um lutador. E os patriarcas sempre são elogiados quando se tornam vencedores na luta.

Depois que o diabo deixou Jesus, vieram os anjos e o serviram. Desse modo a montanha em que aconteceu a tentação se tornou a montanha do paraíso. É esta mesma experiência que os monges realizam. O deserto não é só a arena dos demônios, o lugar em que não é possível esconder-nos da nossa própria verdade, o lugar em que somos confrontados mais cruelmente conosco mesmos e com as nossas regiões mais sombrias. O deserto é também o lugar da maior proximidade de Deus. O povo de Israel já o havia experimentado como o lugar onde se realizava a experiência da maior proximidade de Deus. Deus conduziu o povo de Israel através do deserto a fim de fazê-lo entrar na Terra Prometida.

Do mesmo modo Deus conduz os monges ao deserto para ali suportarem a luta com os demônios e para, através da luta, poderem entrar no país da paz, ou seja, no país da visão de Deus. Para o povo de Israel, o deserto foi simultaneamente um tempo de tentação e um tempo de glorificação de Deus. Num olhar retrospectivo para a sua história, o povo de Israel reconheceu no tempo em que esteve no deserto um tempo privilegiado. Foi o tempo em que Deus afeiçoou-se de Israel e, tomando-o em seus braços, o atraiu pelos laços do amor (cf. Os 11). E Deus promete a Israel que haverá de conduzi-lo novamente para o deserto, para falar-lhe ao coração. O tempo do deserto será assim um novo tempo de noivado: "Eu o conduzirei para o deserto e lhe falarei ao coração" (Os 2,16).

Foi assim que os monges experimentaram o deserto como o lugar em que Deus lhes estava bem próximo, o lugar onde puderam sentir o amor de Deus de uma maneira mais intensa por não estarem impedidos por nenhuma sedução mundana. Contudo, para sentir esta proximidade de Deus, o monge precisa assumir a luta com os demônios.

Esta luta com os demônios traz consigo muitas tentações. A tentação é o lugar em que o monge encontra os demônios. Mas é também o lugar em que o monge, à medida que obtém bons resultados por meio da tentação e ao vencer os demônios, cresce em virtude e força e em clareza interior.

Para os monges, a tentação pertence essencialmente à sua vida. O patriarca Antão expressa isso da seguinte maneira: "A maior obra dos homens é esta: ser capaz de manter seus pecados diante de Deus e estar preparado para a tentação até o último suspiro" (*Apot* 4).

A vida humana é marcada por conflitos constantes. Nós não podemos simplesmente vegetar. Devemos enfrentar os ataques que a vida eventualmente nos apresentar. E nunca haverá um momento em que possamos descansar sobre os louros da vitória. As tentações, ao contrário, haverão de nos acompanhar até o fim da vida. Ainda num outro lugar diz o patriarca Antão: "Quem não tiver sido tentado não poderá entrar no reino do céu. Se suprimires a tentação, ninguém se salvará" (*Apot* 5). Segundo o patriarca Antão, as tentações são manifestamente uma condição indispensável para se entrar no reino do céu. É através das tentações que o homem pode perceber o Deus verdadeiro. Sem tentação o homem estaria no perigo de apoderar-se de Deus e torná-lo inofensivo e inócuo. Pela tentação, porém, o homem experimenta existencialmente a sua distância de Deus, sente a diferença entre o homem e Deus. O homem permanece em luta constante, enquanto Deus repousa em si mesmo. Deus é amor absoluto, enquanto o homem é continuamente tentado pelo maligno.

Os monges veem as tentações como plenamente positivas. Um dos patriarcas exprime isso da seguinte maneira: "Se a árvore não é agitada pelo vento, ela não cresce nem cria raízes. O mesmo acontece também com o monge: se ele não é tentado e não suporta a tentação, ele não se torna homem" (*N* 396).

É como a história que se conta a respeito de uma palmeira. Certa vez, um homem muito mau irritou-se com uma palmeira nova e bela. E, a fim de prejudicá-la, colocou uma enorme pedra sobre a sua copa. Depois de alguns anos, porém, ao passar diante dela, viu que ela se tornara bem maior e mais bonita do que todas as outras à sua volta. A pedra a forçara a lançar suas raízes ainda mais profundamente para dentro da terra. E, desse modo, ela também pôde crescer bem mais alto que as demais. É que a pedra havia se tornado um desafio para a planta. O mesmo se dá com as tentações, isto é, elas são um desafio para o monge. Elas obrigam-no a cravar suas raízes ainda mais profundamente em Deus e a depositar sua confiança cada vez mais nele. Porque as tentações lhe mostram que, a partir de suas próprias forças, ele é incapaz de dar conta delas. Os conflitos constantes tornam-no interiormente mais forte e fazem-no amadurecer como homem.

A luta com as provações e tentações pertence essencialmente ao ser humano. Nós devemos contar com o fato de sermos tentados pelas nossas paixões. Os monges falam dos demônios que vêm lutar conosco. Eles querem dizer com isso que surgem em nós forças capazes de nos levar numa direção que nós conscientemente não gostaríamos de tomar. Eles fazem a experiência de que podemos nos equivocar, sendo então agitados de um lado para o outro por pensamentos e sentimentos diferentes. Desse modo, caracterizam as forças que nos desviaram para as sombras, para o inconsciente. E, apesar de nossas tentativas e apesar de sermos pessoas decentes, surge em nós a intenção de desvencilhar-nos de tudo isso e de deixar definitivamente todos os mandamentos de lado. Contudo, em nossa amabilidade é possível que exista também a intenção de matar os outros. Seria ingênuo pensar que basta cumprir os mandamentos e querer o bem. Em nosso interior há um conflito entre o bem e o mal, entre o claro e o escuro, entre o amor e o ódio. Para os monges, isso é algo absolutamente normal e não é um mau, mas prova e confirma o ser humano. Talvez hoje em dia preferíssemos dizer: um ser humano assim vive mais conscientemente, ele está mais ciente de suas regiões sombrias e conta com o fato de continuarem a habitar em seu inconsciente forças que ele ainda não conhece e que devem ser tratadas por ele com todo o cuidado.

As tentações, assim dizem os monges, levam-nos ao encontro de nossa humanidade. Elas nos fazem entrar em contato com as raízes que sustentam o tronco. Colocar-se diante das tentações significa: confrontar-se com a verdade. Um dos patriarcas expressa-se a este respeito da seguinte maneira: "Sem as tentações ninguém será santo, pois aquele que foge do proveito da tentação também foge da vida eterna. Com efeito, tentações há que prepararam aos santos as suas coroas" (N 595).

É possível que muitas pessoas tenham problemas semelhantes, ao pedirem, no *Pai-nosso,* que Deus as livre das tentações. Ora, Jesus nos fala aqui de um outro tipo de tentação, que é a tentação da traição. "Não nos deixeis cair em situação de traição. É assim que Jesus ensina seus discípulos a rezar, e é também dessa maneira que ele mesmo reza por eles (cf. Lc 22,31s.; também Jo 17,14s.)" (MATHÄUS GRUNDMANN, 203). Os monges, em contrapartida, pensam nas tentações dos pensamentos, nas tentações das paixões e dos demônios que existem em nós. As tentações fazem parte essencial de nossa natureza e são elas que nos tornam mais experimentados. Contudo, isso também significa que nós não conseguiremos chegar a Deus com uma vestimenta branca. Ao contrário, é próprio de nossa condição estarmos em conflito com os demônios e sermos também sempre de novo feridos.

Os monges não pedem que sejamos perfeitos e sem defeitos, corretos e sem máculas. Aquele que se familiariza com os demônios por meio da tentação encontra a verdade de sua alma e descobre os abismos de seu inconsciente, os pensamentos homicidas, as representações sádicas e as fantasias imorais. Nós só nos tornamos seres humanos maduros quando nos confrontamos com esta verdade, quando somos experimentados por meio da tentação.

Assim se expressa um patriarca: "Quando rezamos ao Senhor: 'não nos deixeis cair em tentação!' (Mt 6,13), não estamos pedindo para não sermos tentados, uma vez que isso seria até mesmo impossível, mas pedimos para não sermos devorados pela tentação ou fazermos algo que desagrade a Deus. É isso que quer dizer 'não cair em tentação'" (Apot 1159).

A tentação nos aproxima de Deus e faz com que o compreendamos melhor. Ela foi vista por Isaac de Nínive da seguinte maneira: "Sem tentação não sentiríamos o cuidado de Deus por nós, não adquiriríamos a confiança nele, não aprenderíamos a sabedoria do espírito e não se consolidaria na alma o amor de Deus. Antes da tentação a pessoa reza a Deus como uma pessoa estranha. Porém, após ter suportado a tentação por amor a ele sem se deixar transtornar por ela, logo Deus a considera como alguém que lhe fez um empréstimo e tem o direito a dele receber juros, e como um amigo que por causa dele bateu contra o poder do inimigo" (ISAAC 329). Tais palavras mostram que os monges não tinham medo algum diante das tentações como também não o tinham diante dos pecados. Antes, o monge que cai em tentação conquista também um novo tipo de familiaridade com Deus. Pois, pela tentação, ele experimenta simultaneamente uma presença de Deus muito mais profunda do que costumava experimentar anteriormente.

A tentação mantém o monge vigilante e possibilita que continue a crescer interiormente. É por isso que João Colobos até mesmo rezava para que a tentação viesse ao seu encontro para poder progredir em seu caminho para Deus. "Pai Poimen contava o seguinte a respeito do patriarca João Colobos: 'Ele clamou a Deus e Deus lhe retirou as paixões, ficando ele sem ocupação. Dirigiu-se então a um ancião e lhe disse: Eu tenho observado que estou em paz e que não tenho mais nenhum tipo de luta. Então o ancião lhe respondeu: Vai e roga a Deus para que apareça um inimigo contra ti e que, desse modo, também volte para ti a antiga contrição e humildade que tinhas anteriormente! Pois é somente por meio da luta que a alma realiza progressos. Desse modo, ele voltou a rezar, mas, quando o inimigo se aproximou, ele já não rezava mais para ficar livre, mas disse apenas: Senhor, dá-me paciência nas lutas!'" (*Apot* 328).

Sem tentação o monge torna-se desleixado, descuida de si mesmo e passa pura e simplesmente a vegetar. As tentações forçam-no a viver conscientemente, a exercitar a disciplina e a ficar vigilante. É por isso que os monges não rezam para que as tentações cessem, mas rezam para que Deus lhes dê força suficiente como vem dito: "Conta-se que mãe Sara viveu durante treze anos fortemente atacada pelo demônio da fornicação. Ela porém nunca pediu para que cessasse o combate, mas dizia: 'Ó Deus, dá-me força!'" (*Apot* 884). E, por fim, ela acabou vencendo. Pois o espírito impuro disse a ela: "'Sara, tu me venceste!' Ela, porém, respondeu: 'Não fui eu que te venci, mas Cristo, meu Senhor'" (*Apot* 885).

A tentação obriga-nos a lutar. Porque sem luta não há vitória. Vencer, porém, jamais é mérito nosso. Nós precisamos fazer a experiência de que, por meio da luta, Cristo age em nós e, de repente, nos liberta da luta constante e nos dá uma profunda paz.

A questão é se hoje esta visão positiva da tentação continua a ajudar-nos. Esta visão positiva poderia livrar-nos de uma falsa aspiração à perfeição. Quem se preocupa sobretudo em ser correto pode correr o risco de não viver a vida plenamente com medo de possíveis falhas. Viverá a vida atrofiadamente. Poderá até ser uma pessoa correta, é verdade, mas não uma pessoa realmente viva de grandes horizontes. Contar com a possibilidade da tentação, isto é, com a certeza de que a tentação é parte essencial do ser humano, torna-nos mais humanos ou, como dizem os monges, mais humildes. Mostra-nos que nós sempre somos tentados, que nunca podemos dizer que estamos acima de todas as tentações. Ou ainda: que por exemplo o ódio e o ciúme e o adultério não seriam problema algum para nós. Quem afirma jamais ser capaz de enganar sua esposa ou amiga, ainda não se encontrou com seu coração. Pois é contando com a tentação que nos tornamos realmente vigilantes.

Todavia, se os monges pedem a Deus que não lhes tire a tentação, nós temos hoje em dia muitas dificuldades em relação a este assunto. E, não obstante, mesmo hoje em dia, são inúmeras as pessoas que fazem alguma experiência semelhante. Certa vez, uma religiosa disse-me que havia relaxado interiormente, quando a masturbação já não representava mais nenhum problema para ela. Pois enquanto ela lutava com isso, era mais atenciosa em relação a seus sentimentos e lidava com a frustração e com a ira de uma maneira mais consciente. Experienciava sua entrega total a Deus. Sua oração havia se tornado mais intensa.

De vez em quando nós temos uma imagem falsa da santidade. Pensamos que o santo está acima de todas as tentações. Isso, no entanto, é um erro. Estar consciente das tentações sem deixar-se dominar por elas é um caminho que nos mantém vivos, um caminho que sempre de novo nos recorda que nós mesmos não podemos tornar-nos melhores, mas tão somente Deus poderá transformar-nos. Somente Deus poderá dar a vitória na luta contra as tentações. E a profunda paz daí resultante não poderá ser experimentada na mesma intensidade sem que a luta aconteça.

4

ASCESE

Os monges falam amiúde da luta que a vida com Deus exige. A vida no deserto é uma luta constante com os demônios e proporciona ao monge um trabalho constante. "Disse mãe Sinclética: No início existe toda sorte de fadigas e lutas para aqueles que se aproximam de Deus. Mais tarde, porém, alcançam uma alegria inexprimível. Assim como aqueles que querem acender o fogo são primeiramente incomodados pela fumaça e chegam a lacrimejar, chegando em seguida a alcançar o que desejam – uma vez que está escrito: 'Nosso Deus é um fogo ardente' (Hb 12, 29) –, assim também nós devemos atiçar em nós o fogo divino por meio de lágrimas e esforço" (*Apot* 892).

"Um irmão suplicou a pai Arsênio que lhe dissesse uma palavra. E o patriarca lhe disse: 'Luta com todas as tuas forças para que tua ação interior seja semelhante ao modo de ser de Deus e serás capaz de vencer tuas paixões exteriores'" (MILLER. *SabPad* 44).

Pai Zacarias, perguntado certa vez pelo que é peculiar a um monge, respondeu: "Pai, segundo meu entendimento, quem se aplica com esforço a tudo que faz, este é um monge" (MILLER. *SabPad* 98).

Num outro apotegma, é Cristo mesmo quem fala a um monge: "Eu, porém, vos digo: É necessário muito trabalho, pois sem trabalho ninguém pode possuir a Deus. Pois ele mesmo foi crucificado por nós" (MILLER. *SabPad* 103).

Nós certamente não temos muita facilidade em lidar com tais palavras que nos prometem trabalho e luta. Poderíamos até mesmo pensar que os monges não nos concedem a vida, que eles veem apenas austeridade e renúncia. Mas, por trás desse convite à ascese se esconde, no fundo, uma imagem humana plenamente positiva. Os monges acreditam que podemos trabalhar a nossa natureza, e não estamos entregues irremediavelmente às nossas aptidões ou àquilo que viemos a ser por meio da educação. Os monges não se escusam alegando uma educação errada, nem mesmo atribuem a culpa por sua vida aos outros. Ao contrário, eles mesmos assumem a responsabilidade por sua vida e dão forma a ela. Eles não se sentem entregues às suas concupiscências e necessidades, sem poder fazer nada. Mas, pelo contrário, eles têm confiança na força com que Deus nos agraciou. Trata-se de uma força com a qual combatemos os inimigos de nossa alma e com a qual nos libertamos dos obstáculos que nos possam desviar na vida.

Atualmente, voltamos a ser compreensivos diante da ascese. O físico e filósofo da natureza Carl Friedrich von Weizsäcker fala de uma cultura mundial ascética como questão de vida ou morte para o futuro de nosso planeta. Em 1992, a televisão austríaca convidou-me para uma discussão acerca do tema "O prazer na ascese". Ao meu lado estavam sentados uma psicóloga, um psicólogo e um diretor de empresa. Primeiramente pensei que teria que defender a ascese. E, no entanto, todos nós acabamos concordando no que diz respeito à importância da ascese para nossos dias, ou seja, que a ascese é um caminho para a liberdade, um caminho para tomar a própria vida nas mãos e uma maneira de dar forma a ela. De mais a mais, nós não devemos confundir ascese com mortificação. Ascese significa propriamente um exercício para a aquisição de uma prática. A ascese é, num sentido ético, "um exercício para um comportamento virtuoso, conformado ao ideal" *(LEX 749)*. Ascese diz respeito, portanto, a algo positivo, que é o exercício para a aquisição de uma atitude religiosa.

Somente na filosofia popular cínico estoica é que a ascese foi vista como renúncia e como repressão dos instintos. Este aspecto negativo foi vencido pela ascese cristã, à medida que para os monges o ponto preponderante consiste no exercício pelo qual o ser humano se exercita numa atitude de *apatheia*[2], um estado de paz interior em que estamos abertos para Deus. Para os monges, porém, este estado de paz se origina sempre da luta. Por essa razão é importante começarmos primeiramente com a luta contra os demônios que nos possam desviar de Deus.

O que Evágrio chama de *apatheia* significa, para Cassiano, seu discípulo e aquele que dá uma forma nova e latinizada ao ensinamento de Evágrio, *puritas cordis,* quer dizer, pureza de coração. A pureza de coração é um estado de clareza e pureza interior, de amor como abertura para Deus. Para alcançar a pureza de coração é necessário lutar: "Portanto, para alcançar a pureza de coração e o amor, é necessário que façamos tudo quanto realizamos por meio de obras ascéticas; pois elas são os instrumentos que podem libertar nosso coração de todas as paixões prejudiciais que nos atrapalham no progresso para a plenitude do amor. Assim, nós praticamos o jejum, as vigílias noturnas, o recolhimento, a meditação das Sagradas Escrituras, etc. por almejarmos a pureza de coração, que consiste no amor. Assim, o que quer que façamos, devemos fazê-lo a fim de tornar-nos verdadeiramente amantes. É por isso que o amor é normativo em tudo. Atingi-lo é a finalidade de nosso agir; e os instrumentos de que dispomos para isso são de dupla categoria" (JOÃO CASSIANO. *PotAlm* 108). A finalidade da ascese é, assim, algo absolutamente positivo: a aquisição do amor, isto é, da pureza de coração. Isso não se realiza em primeiro lugar pela renúncia, mas pelo amor que se adquire por meio da luta contra as paixões. E é nisso que se manifesta a visão positiva do ser humano.

Os monges desenvolveram métodos de luta com os quais nos é possível treinar a atitude do amor, a atitude de clareza e pureza interiores, com as quais podemos treinar a abertura sincera para Deus. É muito frequente encontrar nos monges duas imagens para a luta por uma vida que nós mesmos vivemos, que corresponde à imagem que Deus tem de nós: nós somos atletas de Cristo – e somos soldados do rei Cristo.

O monge é atleta de Cristo. Sua luta está voltada, acima de tudo, contra as paixões. Entretanto, ele nunca poderá, como o atleta que está na arena, vencer o adversário e descansar sobre os louros da vitória. Nossa vida é, ao contrário, uma luta permanente. Os patriarcas exortam os jovens monges a esta luta. Em muitas sentenças dos patriarcas se experimenta até mesmo o prazer pela luta. Nisso se manifesta o sentimento de que nós não estamos entregues aos demônios, mas podemos vencê-los pela força de Cristo. E é esta chance de vencer que impulsiona os monges em sua luta. Do monge que renuncia às suas posses, Evágrio diz que ele é "um atleta que ninguém consegue segurar pela cintura e um corredor veloz que, com rapidez, alcança o prêmio do chamado do alto" (EVÁGRIO. *OitPens* 53).

Segundo Evágrio, porém, só podemos suportar a luta contra as paixões, se "nós lutarmos como homens e soldados robustos de rei vitorioso, Jesus Cristo. [...] Nesta luta, no entanto, é necessário – como arma espiritual – uma fé firme e uma doutrina segura, quer dizer, é necessário o jejum perfeito, as ações vigorosas, a humildade, um silêncio que seja pouco perturbado ou totalmente imperturbado, e a oração continuada. O que eu gostaria de saber, porém, é se alguém é capaz de continuar a luta em sua alma e de ser coroado com a coroa da justiça quando sacia sua alma com pão e água, quando atiça a cólera com rapidez, quando despreza e descuida da oração e quando se reúne com os heréticos. Presta pois atenção ao que diz São Paulo: 'Os atletas se abstêm de tudo' (1Cor 9,25). [...] Por conseguinte, ao empreendermos esta campanha, não há dúvida que é importante empregarmos a armadura espiritual e mostrarmos aos pagãos que nós lutaremos contra os pecados mesmo que tenhamos que derramar o sangue" (EVÁGRIO. *Anti* 2).

Cassiano nos desafia a dar ordens a nossos pensamentos e paixões do mesmo modo como o fez o oficial romano de Cafarnaum: "Também nós podemos ser elevados à categoria de oficial espiritual, se formos capazes de combater virilmente os vícios, se formos capazes de nos manter em meio às turbulências de nossos pensamentos, se formos capazes de colocar nossos pensamentos em ordem através do dom do discernimento (*discretio*), se formos capazes de submeter a multidão inconstante dos pensamentos ao domínio da nossa razão e se, sob a bandeira salutar da cruz de Nosso Senhor, formos capazes de expulsar todos os inimigos cruéis de dentro de nosso interior. Quando tivermos atingido a categoria de oficial, possuiremos uma força de ordem tal que os pensamentos não mais nos desviarão do caminho e poderemos demorar-nos naqueles que nos alegram o espírito. Então ordenaremos simplesmente às insinuações maliciosas: 'desapareçam!' e elas desaparecerão, e às boas diremos: 'venham!' e elas virão. Também ao nosso servo, que é nosso corpo, nós poderemos – como aquele oficial no Evangelho – ordenar tudo quanto for útil à abstinência e à castidade e ele estará às nossas ordens sem opor resistência, ou seja, nosso corpo não se agitará mais com os aguilhões da cobiça, mas obedecerá ao espírito"[3] (JOÃO CASSIANO. *AuxVid* 29s.).

Nestas frases nos é possível sentir o desejo pela luta. É verdade que a ascese é penosa aos monges, mas ela também proporciona alegria. Antes de tudo, porém, impulsiona-o o objetivo da luta, o ingresso no país da paz, a aquisição da *apatheia,* a saúde da alma, a experiência da liberdade interior e um amor tranquilo e o unir-se a Deus.

A ascese consiste sobretudo em tornar o corpo dócil e em subjugar as próprias vontades, em tornar-se senhor dos instintos e livre em relação às próprias necessidades.

A submissão do corpo ao espírito acontece, por exemplo, durante a ascese da alimentação. O monge renuncia à carne e ele come o mínimo possível. Muitos há que jejuam e comem apenas de dois em dois dias. Entretanto, os monges sempre de novo nos advertem a respeito dos jejuns exagerados. A via régia consiste em comer apenas o necessário uma vez ao dia e, principalmente, à noite, de modo a não ficar plenamente saciado. Mas a ascese também está relacionada ao sono. Os monges preferiam dormir o mínimo possível. Dormir apenas o necessário já era costume entre os pitagoreus e não são certamente poucos os movimentos espirituais que lidam com isso. O cansaço, que se origina destas práticas, é visto como condição prévia para se poder fazer uma intensa experiência de Deus. Porque, quando uma pessoa está cansada, sua capacidade de atenção fica reduzida. Porém, quando direciona esta atenção reduzida totalmente para Deus, a pessoa se torna ainda mais aberta para ele do que quando está plenamente acordada. Por isso, a noite era para os monges também um lugar muito importante para se fazer a experiência de Deus. Pois é durante a noite que Deus visita as pessoas e lhes fala ao coração. A experiência segundo a qual Deus em geral costuma estar mais próximo de nós durante a noite do que durante o dia é certamente uma experiência já bem conhecida.

Também não há dúvida de que os monges repetidamente nos advertem a respeito da ascese exagerada que, sem considerar os próprios limites, gostaria de sujeitar o próprio corpo. É assim que pai Antão se expressa: "Há alguns que desgastaram seus corpos por meio da penitência. Mas, por ter-lhes faltado o discernimento, acabaram se afastando de Deus" (*Apot* 8). Eis ainda a opinião de mãe Sinclética acerca da ascese exagerada: "Existe uma ascese exagerada imposta pelo inimigo e praticada por seus discípulos. Como haveremos de distinguir a ascese divina e régia da ascese tirânica e demoníaca? Não há dúvida que é através da moderação" (*Apot* 906) (JOÃO CASSIANO, *AscAlm* 74).

O que não pode acontecer é a ascese transformar-se num ataque de cólera contra nós mesmos. Pois, neste caso, ela só nos prejudicaria. De pai Poimen é esta sentença: "Todo excesso tem origem nos demônios" (*Apot* 703). A ascese também não deve ser praticada como se pudéssemos nos libertar a nós mesmos. Ela é, ao contrário, uma resposta ao amor divino e à sua oferta de salvação em Jesus Cristo. Para Deus poder transformar-nos por meio de sua palavra e seu espírito, faz-se mister entregar-nos a ele, libertar-nos de tudo o que nos incomoda, nos fecha e domina interiormente. Mas é Deus somente quem pode realizar a salvação. Os monges conhecem, portanto, o paradoxo de que precisamos trabalhar-nos com rigor, mas em princípio não podemos tornar-nos melhores a partir de nossas próprias forças. Somente Deus é capaz de realizar isso. Assim, por meio da ascese os monges vivem a contínua experiência de sua própria fraqueza e não podem sair do pântano por si mesmos. Eles só experimentam o que seja a graça quando alcançam algum resultado por meio da luta. Experimentam que só Deus lhes pode conceder a vitória, só Deus lhes pode conceder paz verdadeira e amor perpétuo.

5

CALAR E NÃO JULGAR

Um sinal para saber se a ascese conduziu os monges para Deus é o não julgar. Por mais que o monge jejue com rigor e por mais que trabalhe duramente, isso tudo de nada adianta se, apesar disso, ainda fica a julgar os outros. Neste caso, a ascese apenas o leva a vangloriar-se perante os outros. Ela serve para a satisfação de sua soberba, para o aumento da sua autoestima. Mas para quem, por meio de sua ascese, se encontrou a si mesmo, para quem aguentou ficar na cela, quando a repressão tende a ser maior, todo julgamento sobre os outros passa como brisa. Por isso muitas sentenças dos patriarcas exortam a permanecer em si mesmo, a confrontar-se com a própria verdade e a não julgar os outros.

"O patriarca Poimen solicitou ao patriarca José: 'Dize-me como poderei tornar-me monge'. E ele respondeu: 'Se queres encontrar serenidade onde quer que estejas, então, em tudo que fizeres, deves dizer: Quem sou eu? E não julgues a ninguém!'" (*Apot* 385).

Diz Teodoro de Ferme: "O homem que aprendeu a conhecer a doçura da cela foge de seu próximo mas sem desprezá-lo" (*Apot* 281). E ainda: "Certa vez, um patriarca foi interrogado por um irmão nestes termos: 'Por que julgo meus irmãos com tanta frequência?' E ele lhe respondeu: 'Porque tu ainda não te conheces a ti mesmo. Pois quem se conhece a si mesmo não vê as falhas dos irmãos'" (*Apot* 1011).

O julgamento dos outros é sempre um sinal de que a pessoa ainda não se encontrou consigo mesma. Por essa razão as pessoas piedosas, que se irritam com os outros, ainda não encontraram sua própria verdade. Sua piedade ainda não fez com que se confrontassem consigo mesmas e com seus próprios pecados. Pois assim diz pai Moisés: "Se alguém carrega seus próprios pecados, não fica reparando os pecados dos outros" (*Apot* 510).

Para os monges, porém, o não julgar não é só um critério para a ascese autêntica, mas também um auxílio para encontrar a própria serenidade interior. Se pararmos de julgar os outros, é certo que isso será salutar para nós mesmos.

"Certa vez, pai Poimen foi interrogado por um irmão: 'Pai, o que devo fazer, já que fico abatido por causa da tristeza?' E o ancião lhe respondeu: 'Não olhes para ninguém sem motivo, não julgues nem difames ninguém e, assim, o Senhor haverá de conceder-te serenidade'" (*Apot* 1186).

O julgamento não nos proporciona serenidade alguma. Pois, enquanto julgamos os outros, experimentamos inconscientemente que nós também não somos perfeitos. Assim, a renúncia a querer julgar os outros ou condená-los é um caminho para a paz interior conosco mesmos. Deixar que os outros sejam simplesmente como são é também um modo possível de sermos mais nós mesmos.

Os monges realizam, por meio de sua experiência, aquilo que Jesus exige no sermão da montanha: "Não julgueis para não serdes julgados!" (Mt 7,1). O não julgar é fruto do encontro consigo mesmo. Pois quem se encontra consigo mesmo sabe de todas as suas próprias falhas e conhece seus lados sombrios. Ele sabe estar carregando em si mesmo aquilo que ele julga nos outros. E se uma outra pessoa peca, então, ele não se irrita, mas é levado a recordar-se de seus próprios pecados. Os psicólogos nos dizem que, ao xingarmos os outros, revelamos aquilo que está em nós mesmos. Nós projetamos nossos próprios lados sombrios, nossos desejos e necessidades recalcadas sobre os outros e os xingamos, ao invés de mantermos a nossa própria verdade perante os olhos. O desejo dos monges é que abandonemos os mecanismos de projeção e que, em vez disso, nos calemos. O calar é pois, segundo eles, um auxílio para deixar de lado a projeção e, em vez disso, encarar o comportamento dos outros como um espelho para nós mesmos. E é justamente isso que algumas sentenças dos patriarcas nos ensinam.

"Pai Poimen disse: 'Está escrito: Dá testemunho daquilo que teu olho viu! (Pr 25,7). Eu porém vos digo: Mesmo quando podeis tocar com as mãos, mesmo assim não faleis nada a respeito. Um irmão foi enganado deste modo: Pareceu-lhe ver um irmão pecando com uma mulher. Fortemente atormentado pela tentação, aproximou-se e cutucou os dois com o pé – crendo que fossem eles – e disse: 'Parem de uma vez! Por quanto tempo ainda ireis continuar?' E foi só então que ele viu tratar-se de feixes de trigo! Por esta razão vos digo: Mesmo quando podeis tocar com as mãos, não julgueis'" (*Apot* 688).

Poimen está ciente de que nós podemos até mesmo projetar nossas próprias fantasias para dentro da natureza. O irmão do qual ele fala neste apotegma projeta seus próprios desejos sexuais para os feixes de trigo. Ele vê neles o que ele sempre de novo representa para si em sua fantasia. Poimen tem tanta desconfiança em relação ao fato de julgar tudo, que ele chega a proibi-lo até mesmo quando achamos que poderíamos tocar os pecados dos outros com as mãos. Com frequência, também nestes momentos, acabamos tocando somente nossas próprias fantasias.

O calar é a renúncia a todo tipo de projeção. "Quando pai Agatão via algo e seu coração queria emitir um juízo a respeito, dizia para si mesmo: 'Agatão, não faças isso'. Foi assim que seu pensar encontrou a tranquilidade" (*Apot* 100). "E quando vires alguém pecando, reza ao Senhor e dize: perdoa-me, pois pequei" (*EthColl* 13,40).

O julgamento dos outros nos torna cegos para as nossas próprias falhas. Calar em relação aos outros nos proporciona um autoconhecimento mais lúcido e faz com que paremos de projetar as nossas falhas sobre eles. Uma sentença dos patriarcas diz o seguinte: "Certa vez, houve uma assembleia em Scete a respeito de um irmão que havia pecado. Os patriarcas todos falaram, pai Pior porém permaneceu calado. Em seguida, ele levantou-se e, tomando um saco, encheu-o com areia e o pôs nas costas. E pôs um pouco de areia num pequeno cesto e colocou-o à sua frente. Os patriarcas então lhe perguntaram o que isso significava, e ele respondeu: 'O saco que tem muita areia são meus pecados e estes são numerosos. Eu o pus sobre minhas costas para que não me aflijam nem me façam chorar. E vejam: as poucas falhas do meu irmão, que estão diante de mim, sobre elas eu falo muito a fim de julgá-lo. Não é correto proceder desta maneira. Eu deveria, ao contrário, colocar minhas próprias falhas à minha frente, e, meditando sobre elas, deveria pedir a Deus para me perdoar'. Então os patriarcas levantaram-se e disseram: 'Verdadeiramente este é o caminho de salvação!'" (*Apot* 779).

Uma ação simbólica como esta pode fazer-nos ver claramente como muitas vezes estamos prontos a julgar os outros. Talvez pensemos que falamos sobre o outro por estarmos preocupados com sua salvação. Na realidade, porém, só fazemos barulho sobre os pecados deles, ao passo que nossos próprios pecados são muito mais numerosos. Entretanto, simplesmente não queremos admitir isso. Nestas horas nós necessitamos de um pai Pior para, de modo amável e cuidadoso, dizermos claramente que não faz sentido algum exaltar-nos diante dos pecados do outro. Em vez disso, melhor seria rezar por ele e experimentar, por meio da oração, que todos somos tentados e que ninguém de nós pode garantir que poderá livrar-se dos seus defeitos.

Mesmo quando um irmão realmente peca, não devemos julgá-lo. Assim nos diz pai Poimen: "Se um homem peca e o nega, dizendo: 'Eu não pequei', não o julgues, pois deste modo podes fazer com que desanime. Contudo, se disseres: 'Não desanimes, irmão, mas toma cuidado de agora em diante', então estarás despertando sua alma para o arrependimento" (*Apot* 597). Em vez de julgar o outro, deveríamos, por meio da caridade, buscar conquistá-lo para Deus.

"Dizia-se a respeito de pai Isidoro, presbítero de Scete, que se alguém tinha um irmão enfermo, negligente ou presunçoso, e queria expulsá-lo, lhe dizia: 'Tragam-no para mim!' E ele o tomava consigo e, com a paciência que lhe era própria, o conduzia à salvação" (*Apot* 357).

Os monges elogiam sempre de novo o calar. O calar é, para eles, o caminho para encontrar-se consigo mesmo, o caminho para descobrir a verdade do próprio coração. Todavia, o calar é também o caminho para libertar-se do perigo de constantemente criticar e julgar o outro. Corremos sempre o perigo de avaliar, apreciar e criticar a todo ser humano que encontramos. E, não raro, nos descobrimos novamente a criticá-lo e a julgá-lo. O calar impede de julgar e nos leva a confrontar-nos sempre de novo conosco mesmos. Ele cria uma barreira e inibe que projetemos nossos lados sombrios sobre o outro. Os antigos sabiam do perigo de constantemente tendermos a girar em torno do outro com nossos pensamentos e boatos. Conta-se que por três anos pai Agatão teria levado uma pedra em sua boca até conseguir ficar calado (*Apot* 97); até conseguir não mais julgar o irmão, nem mesmo com o coração.

Muitas vezes, faz-se necessário o exercício consciente do calar a fim de que também o coração possa calar. Muitas vezes, precisamos proibir-nos expressamente de falar sobre o outro a fim de podermos vê-lo sem preconceitos.

Não raras vezes acusa-se os primeiros monges de terem-se tornado austeros demais em sua ascese. Porém, as mais diversas exortações a não julgar e as belas narrativas sobre monges misericordiosos mostram-nos o contrário. Sim, para os monges, o não julgar era um critério para o caminho certo. Pois quem julga os outros ainda não aprendeu a conhecer-se realmente. Hoje em dia, existem muitos movimentos piedosos que vivem às custas dos outros. Eles se definem à medida que ficam rebaixando e ultrajando os outros. Quando alguém tem necessidade de amaldiçoar os homens por seguirem um outro caminho espiritual, isso será sempre um sinal de que seu próprio caminho não é o correto. Sua maldição revela o demônio no próprio coração, realidade, porém, que ele não admite. Nestas horas ele recalca e projeta este demônio sobre os outros. Quem se conhece a si mesmo com sinceridade, torna-se misericordioso sozinho. E sabe, no fundo de seu coração, que todos nós necessitamos da misericórdia de Deus. E quando Deus permite que o bem triunfe em nós, isso será sempre um prodígio de sua graça.

O calar, todavia, é para os monges muito mais do que não julgar. O calar é pura e simplesmente sinônimo de caminho espiritual. Através do calar nos encontramos conosco mesmos e com nossa realidade interior. Mas o calar é também um caminho para nos libertarmos dos pensamentos que constantemente nos ocupam. Não se trata certamente de um calar exterior, mas de um calar do coração. Todavia, o calar exterior pode ser um bom auxílio para o coração se calar, as emoções se acalmarem e, assim, não mais exercerem influência sobre nós. É o que nos conta o patriarca Moisés a respeito de um ladrão antigo que, por causa de sua pele negra, era frequentemente insultado: "Numa outra ocasião, houve novamente uma reunião em Scete e os patriarcas fizeram de tudo a fim de prová-lo e trataram-no como um sujeito sem importância alguma, dizendo: 'Por que este etíope vem para o nosso meio?' Mas ele apenas escutou e ficou calado. Terminada a reunião, eles lhe perguntaram: 'Pai, tu não te perturbaste?' E ele respondeu: 'Sim, eu estava perturbado, e foi justamente isso que me fez entender que não deveria falar' (Sl 76,5)" (*Apot* 497).

Pai Moisés ficou interiormente irritado por causa das palavras injustas dos irmãos. Ele, porém, ficou calado sabendo que assim as suas emoções também poderiam aquietar-se. Foi através do calar que ele combateu a sua perturbação. Ele não engoliu a injustiça, mas deixou a ferida cicatrizar mediante o calar. A manifestação das feridas é certamente um bom remédio para elas poderem cicatrizar. A psicoterapia, em nossos dias, tem-nos mostrado isso suficientemente. Mas há também o remédio do calar. Através do calar é possível as agitações interiores aquietarem. No calar a poeira levantada pode assentar-se, de modo que o interior possa ganhar uma tal nitidez como acontece com o vinho turvo que, ao ficar parado durante um longo e silencioso tempo, se torna cada vez mais transparente.

O segundo aspecto do calar é o desprender-se. Através do calar podemos aprender a desprender-nos daquilo que constantemente nos ocupa. Assim, nos desprendemos de nossos pensamentos e desejos, de tudo o que possa nos influenciar, de tudo a que possamos agarrar-nos de uma maneira obsessiva. Enquanto ficarmos presos ao sucesso, a nossa vida ficará paralisada e, enquanto nos apegarmos aos homens, o relacionamento ficará perturbado. O calar é a arte de saber desprender-se para descobrir em si um outro fundamento, isto é, o próprio Deus. Somente quando tiver encontrado meu fundamento em Deus serei capaz de desapegar-me de minha profissão, a função que desempenho, meus relacionamentos e minhas riquezas. Então, eu já não me definirei mais a partir da simpatia que os outros têm para comigo; então, toda a minha identidade já não dependerá mais do fato de ser bem-sucedido ou ainda das minhas riquezas. O saber largar é o caminho que me permite entrar em contato com minha fonte interior, o caminho que me permite descobrir a riqueza verdadeira de minha alma, isto é, Deus, e é ele quem me dá tudo o que necessito para viver.

Os monges exercitam a virtude do calar-se não como um fim em si mesmo, mas para se unirem a Deus. Pois o encontrar-se consigo mesmo e o desprender-se são dois passos necessários no caminho para Deus, para a união com ele.

O calar é, antes de tudo, a arte de estar plenamente presente, de admitir sem reservas o momento presente. Pois enquanto os pensamentos continuarem disparando em nossa cabeça, nos impedirão de estarmos no momento presente, mantendo-nos sempre num outro lugar. Estar plenamente no momento presente é a condição prévia para se poder encontrar o Deus que está presente. Todavia, a meta do calar é unir-nos com Deus, é estar de tal modo abertos para ele que ele possa preencher nossos pensamentos e sentimentos, que possamos experimentá-lo no fundo de nosso coração, que possamos presenciá-lo como a fonte de nossa interioridade, como fonte que, por ser divina, jamais se esgota.

6

A ANÁLISE DOS NOSSOS PENSAMENTOS E SENTIMENTOS

O encontrar-se consigo mesmo, a que os monges aspiram e no qual eles veem uma condição prévia do encontro com Deus, é, para Evágrio Pôntico, antes de mais nada, um encontro com os pensamentos e com os sentimentos do próprio coração. Entre os padres do deserto, Evágrio é muito estimado como especialista no tratamento dos pensamentos e das paixões. Ele mesmo os experimentou em seu próprio corpo e escreveu repetidamente sobre eles no intuito de poder ajudar a outros monges em sua experiência.

Dele se diz: "Se queres chegar a conhecer todas as tentações que ele experimentou da parte dos demônios, deves ler o livro que ele compôs contra as objeções dos demônios. Ali verás toda a sua força e todas as tentações pelas quais passou. Foi por esta razão que ele as expôs por escrito de modo que, aqueles que viessem a lê-las, pudessem ser fortificados e vissem que não são somente eles a serem tentados dessa maneira. Evágrio é aquele que nos ensinou a maneira adequada de vencer todo e qualquer tipo de pensamento" (EVÁGRIO. *OitPens* 52).

Evágrio está convencido de que grande parte de nosso caminho espiritual consiste em prestar atenção às paixões de nosso coração, em conhecê-las e tratá-las adequadamente. O objetivo deste tratamento é a *apatheia,* que é um estado de paz interior e serenidade. Na *apatheia* as paixões já não mais se combatem entre si, mas entram em harmonia umas com as outras. Evágrio chama também a saúde da alma de *apatheia*. A meta do caminho espiritual não é portanto um ideal moral destituído de defeitos, mas a saúde da alma. Segundo Evágrio, a alma é saudável quando ela entra em harmonia consigo mesma, quando está preparada para o amor. Pois somente o homem que alcança a *apatheia* é capaz de amar realmente. Sim, porque, na realidade, a *apatheia* é amor.

Evágrio é grego. E por isso ele também constrói o caminho espiritual a partir da imagem do homem grego. A filosofia grega conhece três âmbitos no ser humano: a parte *cobiçosa (epithymia),* a parte *emotiva (thymos)* e a parte *espiritual (nous).* Aliás, estes são também os três âmbitos conhecidos pelo eneagrama, quer dizer, um sistema de autoconhecimento que tem sua origem no sufismo e que apresenta grande semelhança com a doutrina dos nove *logismoi* de Evágrio. O eneagrama fala de um tipo-ventre, de um tipo-coração e de um tipo-cabeça[4].

A cada um destes três âmbitos, Evágrio relaciona também três *logismoi. Logismoi* são pensamentos sensitivos que podem dominar o homem, são paixões da alma e forças impulsivas com as quais ele deve se debater. Num sentido negativo, Evágrio chama os *logismoi* também de vícios e os ordena a demônios que inspiram estes vícios ao homem. Por conseguinte, o tratamento destes pensamentos e paixões é ao mesmo tempo uma luta com os demônios. Neste caso, os demônios não têm apenas um significado negativo. Eles são também forças que podem tornar-se obedientes ao homem. Em Platão, por exemplo, estes demônios eram forças inteiramente positivas. Somente por meio do dualismo persa estas forças acabaram se tornando forças negativas. Para Evágrio, são forças deste mundo e mecanismos psicológicos personalizados que atuam no homem. O significado de Evágrio para nossa época reside no fato de ele ter descrito com perspicácia, em termos psicológicos, a doutrina dos demônios como modo de lidar com as paixões e com as leis da alma humana.

Evágrio exige que observemos atentamente os pensamentos e sentimentos, os demônios e suas leis: "Se um homem deseja conhecer, por própria experiência, os demônios maus e se pretende familiarizar-se com sua habilidade, aconselho-o a observar bem seus pensamentos. Ele deveria observar a intensidade deles, e também quando se acalmam ou quando aparecem ou desaparecem novamente. Deveria observar a variedade de seus próprios pensamentos, a regularidade com que estes pensamentos sempre de novo tendem a aparecer, os demônios responsáveis por eles e qual deles sempre acompanha a um outro e qual não. Então ele deveria rogar a Cristo que o esclareça a respeito de tudo o que tem observado. Os demônios mostram-se particularmente raivosos contra aqueles que, armados com tais conhecimentos, se exercitam na virtude" (EVÁGRIO. *TratPrat* 50).

A descrição evagriana da auto-observação poderia quase encontrar-se num manual de psicologia, que esclarece os diferentes mecanismos da alma e o nexo entre os próprios sentimentos e emoções: "Para nós, é extremamente importante aprender a diferenciar os mais diversos demônios e ser capazes de averiguar as situações que acompanham a sua chegada. E é isso o que os nossos pensamentos nos podem ensinar. [...] Deveríamos observar quais demônios nos atacam mais raramente e quais os que mais nos incomodam, quais deles se retiram mais rapidamente e quais nos oferecem maior resistência. Finalmente, deveríamos também conhecer aqueles que nos atacam de uma maneira repentina e desviam as pessoas para a blasfêmia. É essencialmente importante estarmos informados disso, para que, quando os mais diversos pensamentos maus começarem a agir cada qual a seu modo, nós lhes oponhamos palavras eficazes, quer dizer, palavras que caracterizem adequadamente o respectivo pensamento que estiver em ação. Precisamos fazer isso antes que eles nos afastem do nosso estado habitual. Somente assim poderemos, com a graça de Deus, fazer bons progressos. Porém, à medida que nós os afugentarmos, eles haverão de irritar-se e, ao mesmo tempo, admirar-se da perspicácia com que os reconhecemos" (EVÁGRIO. *TratPrat* 43).

O conhecimento exato das emoções e paixões é a condição prévia para podermos lidar adequadamente com elas. E a meta de nossa luta é, por sua vez, a *apatheia,* isto é, a liberdade interior. Dito em linguagem psicológica, podemos dizer: A meta é um modo maduro de lidar com minhas emoções, um relacionamento equilibrado com minhas paixões, um modo de estar em paz comigo mesmo e com minha sombra, minha totalidade, na qual a sombra é integrada e serve à aspiração espiritual.

Na familiaridade com as paixões Evágrio vê cumprir-se a palavra de Jesus a respeito da prudência das serpentes: "Disse Nosso Senhor: 'Sede prudentes como as serpentes e simples como as pombas!' (Mt 10,16). Na verdade, o monge deve ser manso e sem falsidade e, seguindo a palavra dos profetas, sua luta há de acontecer em meio à mansidão. A visão de seu espírito, porém, deve ser ágil, e seja prudente nas malícias dos demônios como o é o mangusto – uma espécie de doninha egípcia – que observa o rastro das suas presas para estar em condições de dizer: os pensamentos do maligno não estão encobertos para mim; ou ainda: meu olho vê o meu inimigo e meus ouvidos hão de ouvir o maligno que se me opuser" (EVÁGRIO. *CartDes* 16).

Portanto, para podermos agarrar os demônios, devemos estudá-los como o mangusto estuda o rastro das suas presas. A serpente é ao mesmo tempo símbolo da sabedoria, da natureza e da sexualidade. Por isso, adquirir a prudência da serpente também significa: reconciliar-nos com a nossa sexualidade, familiarizar-nos com ela, a fim de podermos integrar a sua sabedoria e a sua força em nosso caminho espiritual. Os padres do deserto tornaram-se muito familiares dos pensamentos e sentimentos negativos e das paixões da alma. Eles não tinham medo de entrar em contato com os demônios. Para eles, essa era uma luta diária por meio da qual eles puderam conhecer o adversário com um rigor sempre maior. Em seus escritos fala a experiência com as paixões de nosso coração e com as forças de nosso inconsciente.

1) Ao âmbito *da cobiça* Evágrio relaciona os vícios da gula, da luxúria e da cobiça. Comida, sexualidade e posses são três instintos básicos do homem que ele não pode simplesmente cortar ou ignorar. Pois, enquanto instintos básicos, eles também o estimulam a viver. Eles são sim, em última análise, estimulados em direção a Deus. Importa saber como nós nos comportamos com estes instintos, ou seja, se nos deixamos dominar por eles, se nos tornamos pessoas instintivas ou se somos capazes de utilizar sua força de forma positiva, para deixar que nos impulsionem no caminho para a vida e para Deus.

Evágrio define o *primeiro* instinto, que é o da gula ou do apetite da boca, não tanto como o comer em excesso ou como um tapar os sentimentos negativos, mas como uma preocupação temerosa com a saúde, como o medo de passar fome e de não possuir mantimentos e medicamentos suficientes e, ainda, como o medo de ficar doente através da ascese. Comer é certamente uma necessidade básica do ser humano. E uma das finalidades do comer é saborear a comida. Muitas pessoas se empanturram de comida porque não admitem experimentar sua própria ira. O comer, portanto, pode tornar-se também uma compensação prazerosa. É justamente no comer que muitas pessoas mostram que devoram a comida, mas são incapazes de realmente saboreá-la. A verdadeira ascese consiste em aprender a saborear. E aí aparece espontaneamente a medida correta do comer, desaparecendo o medo de ficar sem comida. Tanto num sentido literal como figurado, trata-se inconscientemente do medo de morrer de fome.

A finalidade do comer consiste em unir-se a Deus. É por isso que em todas as religiões existem as refeições sagradas. Na Eucaristia, comendo o pão, nós nos unimos a Cristo e, por meio dele, ao próprio Deus. Assim, a mística possibilita descrever a nossa união com Deus como *fruitio Dei*, como gozo de Deus. O comer é, portanto, a ação fundamental pela qual podemos saborear a Deus.

O *segundo* vício, o da luxúria, é descrito por Evágrio da seguinte maneira: "No caso do demônio da fornicação, trata-se da cobiça do corpo. Quem leva uma vida de abstinência, vê-se ainda mais prontamente exposto aos seus ataques do que uma outra pessoa. O demônio gostaria que ele afinal deixasse de se exercitar nessa virtude. Ele ainda lhe gostaria de fazer crer que esta virtude não lhe traria nenhum proveito. É próprio deste demônio apresentar à alma ações impuras, sujá-la e, por fim, seduzi-la a proferir palavras e ouvi-las como se toda a realidade desaparecesse diante de seus olhos" (EVÁGRIO. *TratPrat* 8).

A sexualidade é uma força determinante presente no ser humano. Nela está tanto a ânsia por vitalidade como por autossuperação e por êxtase. A sexualidade pode tornar-se uma das fontes mais importantes para a espiritualidade. Evágrio certamente não nega isso. No entanto, ele acha que o perigo está em refugiar-se dentro de um mundo de aparências. Pois a sexualidade tem muito a ver com a frustração. Muitos há que, por não suportarem a desilusão, acabam se refugiando na sexualidade. Neste caso, a sexualidade acaba não sendo o lugar mais íntimo do amor e do êxtase, nem a possibilidade de unir-se à pessoa amada, mas um modo de entrar no mundo aparente da fantasia que é o da autossatisfação sexual, ou seja, a masturbação. Evágrio não fala aqui da união do homem e da mulher através do ato sexual, mas da fuga para dentro da fantasia sexual. Neste caso, a sexualidade torna-se uma ilusão. Em vez de me encontrar com uma pessoa real e deixar-me envolver completamente por ela, utilizo a sexualidade para representar fantasiosamente meu próprio mundo, um mundo de aparências onde tudo é maravilhoso, onde eu não preciso levar ninguém em consideração, mas fico tão somente curtindo a minha sexualidade.

Na atualidade, os mais variados relatos sobre abuso sexual de crianças e sobre assédio sexual de mulheres no ambiente de trabalho são certamente uma demonstração de que se trata de um perigo bem real. Nestes casos, a sexualidade não é verdadeiramente vivenciada, e acaba-se fugindo do esforço de entrar em contato com os outros e de unir-se a eles com cuidado. E, então, a sexualidade é vista apenas como satisfação do desejo e não como expressão de um amor capaz de entregar-se íntima e totalmente ao outro. É assim que pessoas, a partir de uma sexualidade não plenamente integrada, acabam ferindo os outros em sua dignidade. Pois não há ferida mais dolorosa e violência mais brutal e humanamente mais indigna do que a sexual, principalmente quando ela rebaixa o ser humano ao nível de mercadoria.

Evágrio, em sua descrição da luxúria, mostra não só que ele não rejeita absolutamente a sexualidade, acusação que com frequência se censura os primeiros monges. Ele mostra antes que a sexualidade – como também o comer – pode ser usada de forma errada para fugir da realidade; que a ira e a desilusão podem ser tapadas com comida. Na sexualidade a pessoa pode se masturbar, mesmo sem se satisfazer. E é possível refugiar-se nela quando a pessoa não procura realmente encontrar uma outra pessoa e entregar-se a ela. É nestas horas que tanto a falta de encontro como a falta de disposição para o amor acabam sendo compensadas pela sexualidade. Na verdade, tudo isso é prejudicial à pessoa, retarda a pessoa em seu processo de humanização e transforma a sexualidade num bloqueio em direção a Deus, ao passo que uma sexualidade integrada e humanamente digna será sempre expressão de amor a Deus.

Somente quando a sexualidade é integrada por meio de uma via religiosa é que a espiritualidade se torna realmente viva. Uma espiritualidade que perdeu o sabor é uma prova de que a sexualidade não foi encarada nem aceita. Por isso Evágrio não nos aconselha a reprimir a sexualidade, mas a tratá-la conscientemente. Pois, sem este tratamento consciente da sexualidade, não existe nenhuma espiritualidade verdadeira nem humanamente madura.

O *terceiro logismoi* da força instintiva cobiçosa do ser humano é, segundo Evágrio, a cobiça de posses. A ambição de possuir é essencial ao ser humano. Nesta aspiração encontra-se a ânsia por tranquilidade. O que esperamos das posses que possuímos é não ter mais nenhuma preocupação e poder assim abandonar-nos tranquilamente à vida. Porém, a experiência mostra que as posses também podem nos possuir, que somos possuídos pela nossa aspiração a possuir sempre mais. Usando de uma bela imagem, Evágrio descreve plasticamente as consequências da cobiça de posses. O homem que não possui bens é comparável a uma águia altaneira voando livremente pelo céu, sem qualquer preocupação. Mas do rico certamente se pode dizer: "Aquele que tem muitas posses está preso e amarrado à corrente como um cachorro. Ainda que seja forçado a emigrar, haverá de carregar consigo a recordação de seus bens como uma pesada carga e um incômodo inútil. Ele será torturado pela tristeza e terrivelmente atormentado pela reflexão. Assim, ele abandona suas posses e é atormentado pelas aflições. E mesmo quando a morte se aproxima, haverá de lastimar-se por ter de deixar o presente. Entrega sua alma e não desvia o olhar das coisas. E, mesmo contra sua vontade, é levado a emigrar como um escravo fugitivo. É separado de seu corpo mas não se separa de suas posses, que tanto mais o carregou consigo quanto mais a paixão o oprime" (EVÁGRIO. *OitPens* 51s.).

Nossa cobiça por posses jamais será satisfeita, caso a orientemos exclusivamente para as coisas mundanas. Pois, por mais posses que tivermos, a nossa ansiedade mais profunda por tranquilidade e sossego e pela harmonia conosco mesmos não poderá ser satisfeita. É por isso que a Bíblia transforma este instinto, apontando-nos os bens interiores, como é o caso da pérola preciosa e do tesouro no campo. Dentro de nós, isto é, em nossa alma, podemos encontrar uma imensa riqueza; é aí que encontramos Deus e todas as potencialidades com que nos agraciou. Somente quando nos voltarmos para esta riqueza interior é que nossa aspiração pela posse exterior ganhará sua devida medida.

Hoje em dia, certamente, também ocorre uma demonização das posses e uma ideologização da pobreza. Tudo isso não nos ajuda absolutamente em nada. Às vezes, a pobreza é até confundida com falta de cultura. Quando a pobreza é vista apenas como negação da vida, é porque ela ainda não é capaz de libertar-nos. A verdadeira pobreza sabe lidar com a aspiração pela posse de uma maneira bem humana. Ela se permite esta aspiração, mas sabe relativizá-la, uma vez que é conhecedora de uma riqueza mais profunda. Somente em vista deste valor interior é que seremos capazes de desprender-nos dos bens exteriores e libertar-nos da cobiça de querer possuir sempre mais.

2) Ao âmbito *emocional* do ser humano Evágrio relaciona os três *logismoi* da tristeza, da cólera e da acídia[5].

"A *tristeza* sobrevém, algumas vezes, quando o ser humano não realiza seus desejos. Às vezes, ele vem acompanhado da cólera. Quando surge pela frustração das necessidades e desejos, em geral ocorre da seguinte maneira: a pessoa é levada a pensar e a lembrar-se da casa onde nasceu, dos seus pais e da vida que levava no passado. Quando a pessoa não oferece resistência a esses pensamentos e até se deixa levar por eles ou mesmo se deleita com eles, embora só na imaginação, eles se apoderam inteiramente dela. Por fim essas representações se desvanecem e ela mergulha na tristeza. Sua situação atual a impede de que essas coisas passadas se tornem novamente realidade. E assim a infeliz alma, quanto mais se deixa atrair pelos primeiros pensamentos, tanto mais se há de sentir abatida e humilhada" (EVÁGRIO. *TratPrat* 10).

Evágrio distingue a tristeza (*lypé*) da aflição (*penthos*). Se, por um lado, a aflição pertence essencialmente ao amadurecimento humano – como o luto e como a assimilação de experiências de perda –, por outro lado, a tristeza como autocompaixão é estéril. O ser humano refugia-se na autocompaixão quando ele não consegue satisfazer seus desejos. No fundo da tristeza também jazem, com frequência, desejos exagerados pela vida. E, assim, pelo fato de não ser o maior, eu não entro em combate e acabo me refugiando na tristeza.

A aflição pode chorar. Suas lágrimas podem amolecer a alma endurecida e fazer que ela se torne frutífera. É possível que as lágrimas da aflição se transformem em lágrimas de alegria. A tristeza, porém, não pode chorar, pois ela é choramingona e se banha em sua própria autocompaixão. Para Evágrio, a tristeza consiste sobretudo na dependência infrutífera do passado. Pois sempre de novo as pessoas imaginam os sentimentos de outrora em casa junto aos pais, na proteção, na despreocupação, etc. Por mais que às vezes possa ser proveitoso ocupar-nos com o passado a fim de assimilá-lo e percebê-lo como raiz do presente, isso pouco nos ajuda a realizar verdadeiros progressos, se constantemente ficarmos olhando para o passado e tivermos saudades das coisas acontecidas. Para Evágrio, é sobretudo perigoso, diante da realidade presente, fugir para o passado, uma vez que o passado é algo definitivamente passado e nunca mais haverá de se tornar realidade. É possível aprender muito do passado para o momento presente. No entanto, se o passado se torna fuga de conflito presente, então ele se torna um obstáculo que nos impede de assumir as tarefas atuais e através delas amadurecer.

Enquanto nós através da tristeza reagimos passivamente aos nossos desejos insatisfeitos, a *cólera* é antes uma reação ativa. Evágrio também consegue identificar a cólera como um dos demônios. O que se evidencia para ele é que na cólera o ser humano pode ser dominado completamente por uma outra força.

"A cólera é a mais forte das paixões. Com efeito, diz-se que é uma ebulição da parte irascível da alma e uma indignação contra quem lhe fez algum ultraje ou contra quem se presume que o tenha feito. Ela deixa a alma da pessoa furiosa o dia inteiro, mas é sobretudo na hora da oração que ela domina a mente, com a imagem do rosto que a contristou. Às vezes, ela dura mais tempo e se transforma em ressentimento, provocando então, durante a noite, as piores experiências. Em geral, o corpo fica debilitado por ela. Isso ocorre na falta de alimentação. Uma tal pessoa torna-se pálida e é atormentada sempre mais fortemente por imagens durante o sonho, como se ela estivesse sendo atacada por animais ferozes e venenosos. Ela constata sempre de novo que, em consequência do seu ressentimento, muitos de seus pensamentos são acompanhados por todas estas quatro ações mencionadas" (EVÁGRIO. *TratPrat* 11).

Evágrio analisou a cólera com bastante rigor. A cólera não é, para ele, uma mera agressão. Pois as agressões têm um significado absolutamente positivo. As agressões pretendem regular a relação de proximidade e distância. A cólera é a agressão incontrolada: a pessoa, sendo incapaz de pensar com clareza, passa a ser dominada por ela. A cólera atrapalha-o em sua oração. Ela é *capaz* de conduzir até à falta de apetite e determinar os sonhos, de modo a tornar o inconsciente sempre mais negativo. A cólera também é capaz de tornar a pessoa doente. Na cólera a pessoa não consegue mais distanciar-se daquilo que a feriu. A pessoa dá tanto poder à cólera que esta é capaz de persegui-la por toda parte, seja em sua oração, seja em suas refeições ou em seus sonhos. Assim, esteja onde estiver, a pessoa não está livre da cólera. É uma espécie de possessão.

No dizer de Evágrio, o demônio da cólera devora a alma humana. Hoje em dia, encontramos uma confirmação disso na psicologia que parte do princípio de que o câncer não raramente possui uma causa psíquica. Quando continuamente engolimos todas as raivas, em algum momento o corpo reage e, no sentido mais verdadeiro e real da palavra, ele será carcomido.

O demônio mais perigoso é o da *acídia,* que corrompe o monge interiormente. Evágrio descreve a ação deste demônio da seguinte maneira: "O demônio da acídia, também chamado 'demônio do meio-dia', é o mais pesado de todos; ataca o monge pela quarta hora e sitia a alma até a oitava. Primeiro, o monge tem a impressão de que o sol demora muito a se mover e o dia tem pelo menos 50 horas! Depois, sente necessidade constante de olhar pela janela, sair da cela, examinar atentamente o sol para ver se falta muito para a nona hora [...]. E ainda por cima o demônio lhe inspira aversão ao lugar onde está, ao seu estado de vida, ao trabalho manual e, mais ainda, que não há mais caridade nos irmãos e ninguém poderá consolá-lo. E se aconteceu ainda, por esses dias, que alguém tenha contristado esse monge, o demônio se aproveita disso para aumentar-lhe a aversão. Leva-o então a desejar outros lugares onde encontre facilmente o que necessita, e exercer um ofício menos penoso e mais gratificante; acrescenta que agradar ao Senhor é possível em qualquer lugar: em qualquer lugar, insiste, pode-se adorar a Deus. A tudo isso acrescenta também a lembrança dos familiares e da vida passada, faz-lhe ver como é longa a duração da vida, apresentando-lhe as fadigas da ascese; e, como se diz, assesta todas as suas baterias para que o monge deixe a cela e fuja do campo de batalha. Mas, se este demônio for vencido, não sobrevirá logo nenhum outro. Finda a luta vitoriosa, um estado de grande paz e inefável alegria invade a alma do monge" (EVÁGRIO. *TratPrat* 12).

A acídia é a incapacidade de fazer-se presente no momento atual. Não se tem apetite nem para o trabalho nem para a oração. Nem mesmo saborear o não fazer nada. Pois sempre se está com os pensamentos num outro lugar. A inquietação interior, a incapacidade de aproveitar o momento atual corrompe a pessoa interiormente. A acídia é uma expressão da fuga da realidade. Não se aceita encarar a sua própria realidade. Por isso é necessário estar com os pensamentos constantemente num outro lugar ou então estar fazendo algo diferente. Todavia, a pessoa torna-se incapaz de fazer algo com coerência, torna-se incapaz de realmente deixar-se envolver com algo ou com uma pessoa.

A acídia é também chamada de demônio do meio-dia, porque costuma manifestar-se nesta hora do dia. Mas isso pode também ser compreendido simbolicamente e, neste caso, a acídia é sobretudo o demônio da meia-idade. Na meia-idade perde-se o prazer pelo costumeiro. Então a pessoa se pergunta: para que tudo isso? Tudo quanto a pessoa produziu até então parece-lhe aborrecedor e vazio. E também não consegue detectar com que deva ocupar-se. E assim, fica simplesmente ao léu, torna-se cínica e se sente capaz de criticar tudo e a todos. Mas já não tem prazer para mais nada. Entretanto, o demônio da meia-idade é também um desafio para a pessoa orientar-se de uma maneira nova, de movimentar-se do exterior para o interior e de descobrir novos valores em sua alma que deem um novo sentido à segunda etapa da vida.

Atualmente, a acídia também parece ser uma disposição fundamental de muitos jovens. Eles são incapazes de envolver-se e entusiasmar-se por alguma coisa. Não são capazes de viver no momento atual. Na intenção de sentir a vida, eles acham que precisam experimentar sempre algo novo. Para os violentos dentre eles, a força bruta contra os outros é o único caminho para se sentirem vivos.

Aqui fica especialmente patente quão destruidora a acídia pode vir a tornar-se. Aquele, pois, que é incapaz de viver, viverá às custas de outros e precisará castigá-los para se sentir a si mesmo.

3) Os três *logismoi* da esfera *espiritual* são a ambição, a inveja e a soberba *(hybris)*.

A *ambição* consiste no contínuo vangloriar-se diante dos outros. Tudo é feito unicamente para ser visto pelas outras pessoas. Evágrio descreve a ambição deste modo: "O pensamento da ambição é um companheiro deveras difícil. Ele tende a manifestar-se em pessoas que gostariam de viver virtuosamente. Desperta nelas o desejo de compartilhar com os outros a dificuldade de sua luta, procurando com isso a honra diante das pessoas. Desse modo, tais pessoas se comprazem, por exemplo, a imaginar mulheres sendo curadas [...]. Imaginam ainda que há pessoas batendo à sua porta, pessoas as quais gostariam de apanhá-las a fim de falar com elas e empurrá-las e acompanhá-las quando estão indecisas" (EVÁGRIO. *TratPrat* 13).

Na ambição, eu penso continuamente nas pessoas e em suas opiniões. E acabo me perguntando: Como será meu modo de agir sobre elas? Elas também acham bom o que eu faço? E assim eu acabo não estando comigo mesmo e torno-me dependente do juízo das outras pessoas. O que fico imaginando é: como, em minha próxima aparição no palco, causar a melhor impressão possível, para ser devidamente aplaudido? Naturalmente nos faz bem quando somos reconhecidos e confirmados. E seria certamente *hybris* se nós pensássemos que estamos totalmente livres do reconhecimento e do elogio. A busca de reconhecimento se introduz furtivamente em tudo que fazemos, até mesmo em nossa ação mais piedosa. Não se trata de nos livrar completamente dessa busca de reconhecimento, mas de relativizá-la de maneira a não nos tornarmos dependentes dela. Nós mesmos sentimos como é desagradável quando, por exemplo, já aos sessenta ou setenta anos, ainda prestamos atenção ao que os outros pensam e esperam de nós. Isso não é viver, mas tão somente ser-vivido.

A *inveja* mostra-se na contínua comparação de si mesmo com os outros. Não sou capaz de encontrar-me com nenhuma outra pessoa sem comparar-me com ela. Imediatamente, começo a avaliar, a valorizar, a desvalorizar e a revalorizar. De um modo geral, procuro desvalorizar o outro no intuito de revalorizar-me a mim mesmo. Eu observo suas fragilidades ou desvalorizo seu comportamento como bloqueado e doentio, seu êxito como aparência, sua inteligência como fraqueza, etc. E, inversamente, quando não sou bem-sucedido com isso, me desvalorizo a mim mesmo e acabo colocando o outro no pódio.

Também na inveja eu não estou comigo, não estou satisfeito comigo mesmo e não tenho nenhum sentimento por minha dignidade, reconhecendo meu valor somente em comparação com os outros. Isso é por demais cansativo e me força a ter de superar os outros ou me lanço na depressão, porque não vejo mais nenhuma chance de poder acompanhar os outros.

A *hybris,* isto é, a soberba, torna as pessoas cegas. O soberbo se identificou a tal ponto com sua imagem ideal, que se recusa a encarar a própria realidade. "O demônio da soberba é aquele que provoca na alma as piores quedas. Ele seduz o monge a não procurar em Deus a razão de suas ações virtuosas mas apenas em si mesmo; e a considerar a si mesmo como a causa de todo o bem que faz e a se inchar de orgulho diante dos irmãos, considerando-os tolos por não o terem em tão alta estima. Tudo isso é depois acompanhado pela tristeza e, último dos males, pela perturbação mental e a loucura, que o faz ver uma legião de demônios no ar" (EVÁGRIO. *TratPrat* 14).

Pela *hybris* o ser humano ingressa no mundo aparente de seus próprios ideais, a ponto de chegar a perder o contato com a realidade. E isso o torna alienado. C.G. Jung chama esta atitude de inflação: A pessoa se envaidece de ideais e representações que, de fato, não lhe pertencem. A inflação sempre acontece quando nos identificamos com imagens arquetípicas, por exemplo, com a imagem dos profetas, e acabamos proclamando: "Eu sou o único que consegue perceber e que se atreve a dizer a verdade". Ou, então, identificamo-nos com a imagem do mártir: "Eu não sou compreendido e preciso afinal sofrer, porque como Jesus sou tão diferente, porque respondo pela verdade sozinho". Tais palavras, em geral, podem até soar como piedosas, mas por detrás delas está a *hybris* de querer ser como Deus ou como as pessoas a quem Deus chamou de uma maneira toda especial.

Sim, uma tal *hybris* provoca cegueira. Como profeta, eu sou cego para a minha própria realidade. Digo ao mundo o que é correto e, entretanto, não me conheço a mim mesmo. Eu me recuso a encarar-me a mim mesmo. Jesus cura o cego de nascença cuspindo no chão e esfregando-lhe a lama carinhosamente nos olhos, como querendo dizer-lhe: "Tu também foste tirado da terra. Reconcilia-te também com a sujeira que está em ti e em teus lados sombrios. Sê humano, pois então poderás ver novamente. Porque, enquanto negares tua condição terrena, também não serás capaz de ver".

7

O TRATAMENTO DAS NOSSAS PAIXÕES

Pela descrição destes nove *logismoi* já podemos sentir quanta experiência psicológica Evágrio reuniu em sua cela. Porém, mais importante ainda do que o conhecimento a respeito dos *logismoi* é, para ele, o tratamento dispensado aos pensamentos e sentimentos. Para cada tipo de paixão, Evágrio aconselha um outro método. Os três instintos básicos – o comer, a sexualidade e a cobiça – são transformados por meio da ascese, do jejum e da esmola. A disciplina torna-se aqui um ótimo caminho para não se reprimir os instintos, mas formá-los para que possam estar à nossa disposição como forças em potencial. Superamos a tristeza quando nos afastamos da dependência do mundo, quando nos desprendemos daquilo a que estamos presos, quando nos libertamos interiormente.

A maior parte dos conselhos de Evágrio gira em torno do lidar com a *cólera*. No dia a dia, a ira, a cólera e o rancor ocupam-nos sempre de novo.

O que nos ajuda, antes de ir dormir, é refletir sobre a ira e livrar-se dela, a fim de que ela não se fixe através do inconsciente no sonho, vindo a manifestar-se no dia seguinte como insatisfação difusa. Pois se nós, durante a noite, levarmos a ira conosco, perderemos o controle sobre nós mesmos e continuaremos sendo governados pela ira e pelo rancor a partir do inconsciente. É por isso que nos diz Evágrio: "Não deixes o sol se pôr sobre a cólera, senão os demônios virão durante teu descanso noturno, irão atormentar-te e, desse modo, haverão de tornar-te ainda mais covarde para a luta do dia seguinte. Pois as alucinações noturnas surgem comumente através da influência agitada da cólera. E não há nada que torne o homem mais apto a abandonar sua luta do que quando ele é incapaz de controlar suas emoções" (EVÁGRIO. *TratPrat* 21).

Uma vez que a cólera contagiou o inconsciente, a pessoa perde todo o controle sobre si e estará desamparadamente entregue à própria cólera. E é justamente isso que a dilacera. Refletir novamente sobre sua cólera, à noitinha, e colocá-la diante de Deus pela oração não é, pois, em primeiro lugar, um desafio moral, mas antes um desafio psicológico que auxilia na saúde do corpo e do espírito.

Num congresso de sacerdotes, muitos dos padres se queixavam de retornarem à noitinha para casa aborrecidos e frustrados depois de alguma reunião e de não terem nenhuma vontade de meditar ou ler. Em vez disso, eles encobrem sua frustração com comida, bebida e vendo televisão. É então que os sentimentos não elaborados se estabelecem, penetram no inconsciente e no dia seguinte se manifestam como um descontentamento difuso e um vazio. Distanciar-se, ao final do dia, de seus sentimentos negativos por meio da oração torna-nos, no sonho, abertos para a assistência salvadora de Deus.

Mas Evágrio nos adverte, sobretudo, contra os jogos de pensamentos com a cólera: "Não te entregues à cólera, querendo lutar em pensamentos com quem te aborreceu" (EVÁGRIO. *TratPrat* 23). Pois isto faz com que nossa alma se ofusque e nosso espírito fique opaco. Mas também devemos valer-nos de nossa cólera como uma força positiva, voltando-nos contra os demônios, contra as tentações e contra os pensamentos que nos impedem de viver: "Devemos estar encolerizados quando encaramos os demônios e lutamos contra o divertimento" (EVÁGRIO. *TratPrat* 24).

A raiva é, em geral, uma força importante para nos libertarmos de recordações negativas e afastarmos de nós as pessoas que nos feriram. Enquanto nos fixamos em torno da ferida, damos poder sobre nós aos que nos feriram. Não são poucas as pessoas que amiúde ficam a revolver suas próprias feridas. E é neste momento que a raiva se torna uma força muito importante. Quando posso sentir raiva contra quem me feriu, posso distanciar-me e ser capaz de separar os meus próprios problemas dos problemas dos outros. A raiva é o primeiro passo para a libertação e a cura.

Algumas vezes pude constatar que mulheres que sofreram algum abuso sexual enquanto crianças ainda se sentem culpadas e não sentem raiva. Somente quando entram em contato com sua raiva é que elas serão capazes de assimilar sua experiência traumatizante. A raiva é a força que permite distanciar-se da experiência traumatizante e afastar de si a pessoa que causou a ferida, a fim de tornar-se livre para que o espírito salvador de Deus penetre novamente.

Evágrio dá três conselhos em relação à *acídia*. O primeiro diz respeito à constância. Devemos decididamente permanecer em nossa cela e simplesmente suportar aquilo que acontece em nosso interior: "Aceita simplesmente o que a tentação te oferece. Antes de mais nada, encara esta tentação da acídia, pois ela é a maior de todas. Mas ela tem também como resultado uma maior purificação da alma. Fugir ou espantar-se diante de tais conflitos torna o espírito acanhado, covarde e medroso" (Evágrio. *TratPrat* 28).

Quando sou capaz de suportar minha inquietação interior e a observo com mais atenção, é possível descobrir o que nela se agita. Experimento, então, que ela tem seu sentido. A inquietação gostaria de libertar-me da ilusão de que eu poderia melhorar-me a mim mesmo por meio da disciplina e que poderia assumir-me a mim mesmo. A inquietação acena para minha fraqueza. Quando eu me reconcilio com ela, ela purifica a alma e dá nova clareza interior. Em meio à minha inquietação eu experimento uma profunda paz. Por conseguinte, a inquietação deve existir. Por fim, ela há de conduzir-me para Deus da mesma maneira como Santo Agostinho experimentou sua inquietação como estímulo para encontrar sua serenidade em Deus.

O segundo conselho refere-se à oração: "Quando a acídia nos tenta é bom que, entre lágrimas, dividamos nossa alma em duas partes iguais: uma que anima e outra que é animada. Nós semeamos sementes de uma esperança inabalável em nós quando cantamos com o rei Davi: Ó minha alma, por que estás aflita e tão inquieta dentro de mim? Espera em Deus, pois eu ainda haverei de agradecer-lhe, meu Deus e Salvador, a quem eu contemplo!" (Sl 42,6) (EVÁGRIO. *TratPrat* 27).

O método aqui recomendado por Evágrio é o método antirrético[6]. Este método foi por ele desdobrado em seu livro intitulado *Antirrheticon*. Trata-se de um método que ajuda não só no caso da acídia, mas em toda e qualquer situação. Evágrio recolhe uma palavra da Bíblia contra cada pensamento que possa tornar-nos doentes e embaraçados diante da liberdade, do amor e da vida e a contrapõe a estas situações. Desse modo, uma pessoa que continuamente se repreende dos pecados de sua juventude e diz que com ela tudo está de cabeça para baixo, deve sempre de novo repetir a palavra de 2Cor 5,17 que diz: "Quem está em Cristo é uma nova criatura. O velho passou e um mundo novo se fez". Esta palavra transforma pouco a pouco nossos sentimentos de tristeza e de autocompaixão. Ela nos põe em contato com a força positiva que está em nós, por meio do Espírito Santo que já está atuando em nós e que, como uma fonte, borbulha em nós, preparando-nos para que a partir disso possamos tomar novo ânimo.

Contra a *ambição* Evágrio indica o remédio da recordação. Devemos recordar-nos de onde viemos, com quais paixões tivemos que lutar e como não foi mérito nosso que tenhamos vencido, mas, pelo contrário, foi Cristo quem nos amparou em nossas lutas. A recordação haverá de mostrar-nos que não temos garantia alguma de nossa vida ser bem-sucedida, mas que isso é antes fruto da graça divina. Evágrio diz que o demônio da soberba e da ambição sempre de novo haverá de aparecer em nós. E, principalmente, quando já tivermos feito consideráveis avanços dentro da ascese.

O remédio mais eficaz é a contemplação. Quando nos tivermos unido a Deus através da contemplação, não terá mais valor o que as outras pessoas pensam a respeito de nós e não mais nos definiremos a partir do reconhecimento e da aprovação, mas teremos encontrado nosso fundamento em Deus.

Evágrio expôs, o mais sistematicamente possível, como tratar dos nossos pensamentos e sentimentos. Este tema, porém, aparece repetidas vezes nas sentenças dos patriarcas. Neles também são apresentados ainda muitos outros conselhos sobre como reagir diante das paixões. Os patriarcas nos aconselham repetidamente a nos ocuparmos das paixões e a nos familiarizarmos com elas. É possível que o diálogo com os patriarcas nos indique quanta força positiva existe nestas paixões e como esta força pode ser integrada em nossa vida. Duas sentenças dos patriarcas, ambas de pai Poimen, poderão mostrar isso:

"Um irmão aproximou-se de pai Poimen e lhe disse: 'Pai, tenho inúmeros pensamentos e eles me põem em perigo'. O patriarca conduziu-o para fora e lhe disse: 'Estufa o peito e para os ventos!' Ele porém respondeu: 'Eu não consigo fazer isso!' Então o ancião lhe disse: 'Se tu não consegues fazer isso, também não és *capaz* de impedir que os pensamentos se aproximem de ti. Resistir a eles, porém, é tarefa tua'" (*Apot* 602). Fica evidente, nesta sentença, que não nos é possível deter os pensamentos. Nós não somos responsáveis pelos pensamentos que surgem em nós, mas somente pelo modo como nos comportamos com eles. Assim, não somos ruins quando os pensamentos nos afligem. Pois não somos nós que pensamos estes pensamentos, mas são eles que vêm de fora em nossa direção. Este discernimento entre nós como pessoa e os pensamentos que afluem em nossa direção é que nos dá a possibilidade de tratar adequadamente os pensamentos. É a partir desse momento que nós não nos acusaremos imediatamente quando o ódio ou o ciúme tomarem conta de nós. Mas, ao contrário, pensaremos como reagir para que eles não nos dominem. A propósito, não se trata jamais de reprimir os pensamentos, mas de conversar com eles ao modo como nos ensina este segundo ensinamento dos patriarcas:

"Certa ocasião, pai Poimen perguntou ao patriarca José: 'Que devo fazer quando as paixões se aproximam de mim? Resistir a elas ou deixá-las entrar?' E o ancião lhe respondeu: 'Deixa que entrem e luta com elas'. Tendo regressado a Scete, permaneceu em sua cela. Mas eis que veio para Scete um tebano e disse aos irmãos: 'Perguntei a pai José: Quando as paixões se aproximam de mim, devo resistir ou devo deixá-las entrar? E ele me respondeu: Não deixes, absolutamente, que entrem, mas apaga-as imediatamente!' Ouvindo pai Poimen que pai José havia falado desta maneira ao tebano, levantou-se e foi ao encontro dele, em Panefo, e lhe disse: 'Pai, eu te confiei meus pensamentos e a mim respondeste de um modo e ao tebano de outro modo'. E o ancião lhe respondeu: 'Não sabes que te amo?' Ele disse: 'Sim!' E o ancião lhe disse: 'Não me disseste: fala a mim como se falasses a ti mesmo?' Ele respondeu: 'Sim, é verdade!' Então o ancião lhe disse: 'Quando as paixões entrarem e lutares contra elas, dando a elas e delas recebendo, tornar-te-ão mais provado. Porque eu falei a ti como se falasse a mim mesmo! Outros há, porém, aos quais não convém que as paixões se aproximem deles. Eles precisam afastá-las imediatamente!'" (*Apot* 386).

O que se manifesta aqui é que existem dois caminhos diferentes de tratar as paixões. Um deles é familiarizar-se com elas e deixar que entrem para que possam ser melhor observadas. Pois quando eu estiver familiarizado com minha paixão poderei descobrir a força que ela contém. E é possível que ela me diga que tipo de ansiedade nela reside e para onde mais especificamente gostaria de me conduzir. O diálogo com a paixão me indica o que em mim não deve viver. Por exemplo, se há uma grande raiva dentro de mim, é porque ela sempre tem um sentido. Não há sentido algum simplesmente em reprimi-la. Talvez ela me faça ver que eu acabei dando demasiado poder aos outros. A raiva poderia então conceder-me força suficiente para lançar para fora de mim os outros na intenção de livrar-me deles.

Certa mulher, cujo marido era alcoólatra, notou que estava possuída por sentimentos de ódio, a ponto de chegar a ter pensamentos homicidas em relação a seu marido. E por ser capaz de pensar em algo desta natureza, ela acabou acusando-se de ser uma pessoa totalmente má. É isso que acontece com muitas pessoas que se culpam por seus pensamentos negativos. Os monges, porém, são neste aspecto muito mais misericordiosos. Eles dizem que o pensamento em si não é ruim, mas que ele tem um sentido. O que eu preciso é descobrir a força que se esconde nele. No sentimento de ódio ao marido subjaz o seguinte impulso: "Eu também tenho um direito de viver. Eu não admito que me matem". Quando vivencio este impulso, não preciso apelar para o ódio. O sentimento de ódio que toma conta de mim não é mau. Trata-se de um sinal de alarme de que estou concedendo poder demasiado de mim mesmo a um outro. Se ouço o sinal e ajo de modo correspondente, o sentimento haverá de afastar-se. Se reprimo o sentimento, nunca conseguirei livrar-me do ódio. E então haverá de destruir-me. Portanto, não somos responsáveis pelos pensamentos que surgem em nós, mas pelo tratamento que lhes damos.

Mas há também outros – diz-nos pai José – para os quais é melhor simplesmente cortar os pensamentos e sentimentos negativos, fazendo com que não se aproximem e nem se instalem. Quando percebo que sempre de novo estou a pensar em pessoas que me feriram, então poderá ser de grande auxílio proibir estes pensamentos. Ou então aceito totalmente os pensamentos e reflito sobre como reagir a eles. Assim, serei capaz de assimilá-los e de afastá-los. Se porém, apesar disso, esses pensamentos sempre de novo tendem a crescer, então não faz sentido continuarmos a meditar sobre eles. Então eu preciso simplesmente interrompê-los e afastá-los de mim. Outras pessoas são fascinadas por pensamentos suicidas, que ocupam sua mente. Nestes casos, é necessário interromper os pensamentos quando surgem. Ocupar-se com eles por tempo demasiado poderá ser perigoso. Pode haver também pensamentos destrutivos, dos quais temos consciência já há muito tempo, mas que, apesar disso, sempre de novo tendem a crescer em nós. Também neste caso não faz sentido continuar a analisá-los. O que devemos fazer é afastar-nos deles.

Sou eu mesmo quem deve descobrir qual método empregar neste caso. Normalmente convém meditar sobre um sentimento. Para isso, eu preciso frequentemente do amparo de uma outra pessoa com quem eu possa conversar a respeito dos meus sentimentos. Porém, se os pensamentos sempre de novo tendem a voltar, então poderá ser útil proibi-los para si mesmo. Mas existem também pessoas que, de antemão, proíbem pensamentos negativos para si mesmas e, justamente por isso, são ainda mais atormentadas por eles. Neste caso, seria conveniente ocupar-se com os pensamentos.

Certa vez, uma jovem mulher e mãe contou-me que ela geralmente se assustava com a possibilidade de poder matar seu filho. Às vezes, quando estava a enfaixá-lo, era surpreendida pelo pensamento de poder matá-lo naquele instante mesmo. Nestes momentos ela entrava em pânico, pensando que de fato isso alguma vez poderia acontecer.

Neste caso não há sentido algum em simplesmente proibir o pensamento. Pois era justamente aí que ele realmente vinha ao seu encontro com um poder maior ainda. Mas se ela fosse capaz de conversar com este pensamento, então certamente ele haveria de dizer-lhe para se reconciliar com sua agressão. Como mãe que era, achava que deveria unicamente amar seu filho, que não deveria ter nenhum pensamento negativo em relação a ele. E, no entanto, é absolutamente natural que a mãe não somente ame, mas que também sinta vontade de agredir. A agressão tinha, no caso dela, o significado de que ela não se identificava plenamente com a criança, mas que estava à procura da distância necessária de que precisava para, com o passar do tempo, poder amar seu filho. Por conseguinte, a mãe deveria prestar atenção em sua agressão, para então decidir-se de maneira correspondente a fim de cuidar melhor de si mesma. Então, sim, seu relacionamento com o filho haveria de tornar-se algo equilibrado. Todavia, quando ela reprimia e recalcava todas as suas agressões, estes pensamentos incontrolados de querer matar o filho tomavam realmente conta dela.

O diálogo com os pensamentos é conveniente sobretudo no caso do *medo*. Também o medo tem seu significado e quer me dizer algo. Pois sem ele eu também não possuiria medida, querendo constantemente exigir demais de mim. Todavia, o medo geralmente me bloqueia. Mas se converso com ele, é possível que me revele para uma atitude falsa em relação à vida. Não raro o medo provém de um ideal de perfeição. Eu tenho medo de cometer uma gafe, de cometer alguma falha. Eu não me atrevo a falar no grupo por medo, porque eu poderia vir a gaguejar ou porque os outros poderiam achar isso ruim. Também sinto medo de ler, uma vez que poderia vir a me atrapalhar. Nestes casos, o medo sempre revela expectativas exageradas.

Em última análise, é a soberba que provoca o medo. Assim, a conversa com meu medo poderia conduzir-me à humildade, isto é, à *humilitas*. E eu poderia reconciliar-me com meus limites, com minhas fraquezas e falhas, dizendo, por exemplo: "Posso cometer gafes. Não tenho obrigação de poder tudo".

Porém, existem também medos que não indicam falsas atitudes de vida, mas têm necessariamente uma ligação com o ser humano. É o caso do medo da solidão, do medo da perda e do medo em relação à morte. Em cada pessoa existe uma parcela considerável de medo diante da morte. Em algumas pessoas chega ao ponto de tornar-se ameaçador. Neste momento seria importante conversar com o medo nestes termos: "Sim, é certo que um dia morrerei". O medo pode me ajudar a reconciliar-me com a morte e a me convencer de que sou realmente mortal. Quando examino o medo a fundo, quando o admito, é possível que em meio ao medo eu experimente também uma profunda paz. O medo se transforma em serenidade, liberdade e paz.

Um outro tipo de medo pode vir a atingir-nos quando olhamos para nossa profissão, nossa doença e nosso casamento. Ficamos com medo e nos perguntamos: nosso casamento é capaz de manter-se? Seremos capazes de nos manter fiéis? Seremos capazes de suportar as dores que a doença nos possa trazer? Fala-se atualmente do medo dos jovens de assumirem algum compromisso, jovens que já não desejam comprometer-se através do casamento, nem desejam mesmo assumir um compromisso definitivo dentro de uma ordem religiosa. Um apotegma nos ensina aqui uma outra maneira de lidar com o medo: "A respeito de pai Teodoro e pai Lúcio de Ennaton diz-se que passaram cinquenta anos zombando de seus pensamentos nestes termos: 'Depois deste verão iremos embora daqui'. E quando chegava o inverno, diziam: 'Depois deste verão nos mudaremos daqui'. E assim fizeram durante todo o tempo estes pais inesquecíveis" (*Apot* 298).

Muitas pessoas são tomadas pelo medo quando imaginam que precisariam ficar sempre no mesmo lugar, ensinar sempre na mesma escola ou ficar presas a uma certa família. O que pode ajudar nestas horas é dizer realmente sim para a situação em que me encontro. Às vezes um sim absoluto pode ser uma exigência demasiada, ele fortalece o medo e a angústia de sermos capazes disso. Poderia ser o caso de, como os patriarcas de Ennaton, contentar-nos em dizer apenas o sim para o dia de hoje. Dizemos sim hoje. Amanhã talvez seja diferente, amanhã talvez estejamos em outro lugar. Este método foi assumido por muitos grupos anônimos de autoajuda. Os alcoólicos anônimos sabem que não podem garantir para si mesmos que serão capazes de ficar sem beber. Eles pedem a Deus a força de poder viver sem álcool apenas durante aquele único dia. Desta forma, nossa vida obteria melhor resultado caso não quiséssemos tudo de uma só vez, mas se pedíssemos a Deus sempre e unicamente a força para aquele único dia. O outro pensamento de que falávamos – sair do convento, abandonar o casamento ou vir a beber novamente – não será totalmente renegado. Brincamos até com ele. Mas com isso tiramos-lhe sua força. De uma maneira ou de outra, este pensamento há de vir. Portanto, não faz sentido algum combatê-lo totalmente. Se o tratarmos na brincadeira, nunca chegará a ter poder sobre nós. O método dos patriarcas nos preserva de encarar de uma só vez todas as consequências. Nós nos deixamos conduzir por um caminho na esperança de que Deus haverá de guiar-nos. Olhamos para o próximo trecho do caminho, mas não pensamos continuamente em todo o longo e penoso caminho.

Um outro método de abordar os nossos pensamentos e sentimentos, nossas paixões e necessidades, consiste em pensá-los até o fim, em imaginá-los até às últimas consequências e em permitir a representação das paixões. Desta maneira poderemos tirar-lhes a sua força. Força com que eles sempre de novo tendem a combater-nos. Talvez também acabemos por descobrir para onde as paixões realmente estão querendo nos conduzir. Não raro, por exemplo, as fantasias sexuais representam algo totalmente diverso: a ânsia de estar vivo, de abandonar-se, de entregar. Se eu continuamente lutar contra as fantasias sexuais e as reprimir, elas sempre retornarão. Todavia, se for capaz de pensar nelas até o fim e de senti-las, elas poderão transformar-se num impulso de vida, e até mesmo num impulso em direção a Deus.

Conta-se que pai Olímpio não fugiu da ideia de se casar e tudo pensou em seus mínimos detalhes. E mais: "Fez uma mulher de barro, olhou para ela e disse a si mesmo: 'Vê, esta é tua esposa. De ora em diante precisarás trabalhar muito, a fim de sustentá-la'. E trabalhou muito. No dia seguinte, preparou novamente uma porção de barro e deu forma a uma filha, e disse para si mesmo: 'Tua mulher deu à luz! Agora é necessário que trabalhes ainda mais para conseguires sustentar e vestir tua filha'. Fazia isto a ponto de extenuar-se e, então, disse a si mesmo: 'Não posso mais suportar o trabalho'. E disse ainda a si mesmo: 'Se já não podes suportar o trabalho, então também não queiras uma esposa'. E, vendo Deus seu esforço, tirou-lhe a sua luta e ele alcançou tranquilidade" (*Apot* 572). Pai Olímpio aceita o desejo de querer dormir com uma mulher, chegando até mesmo a formar uma mulher de barro. Encara seu desejo com sinceridade. E também é capaz de confrontar o desejo com a realidade. Querer viver com uma mulher significa, para ele, simultaneamente trabalhar em favor dela. Talvez nos pareça simplório o argumento de ele não desejar uma mulher apenas por causa do trabalho demasiado. O decisivo aqui, porém, é o seguinte: se, por um lado, Olímpio trata sem medo de sua necessidade de possuir uma mulher e não somente a representa na fantasia, mas chega mesmo a moldar uma mulher de barro e a encara realmente, por outro lado, no entanto, ele não fica parado na bela fantasia de querer dormir e viver com a mulher, mas também descreve para si as consequências. Apresenta o desejo em sua realidade, e, porque o desejo é pensado em sua realidade nua e crua, ele perde seu caráter ameaçador. É neste momento que pai Olímpio se torna capaz de encarar e tratar o desejo de modo sóbrio.

O problema de certos homens e mulheres não casados está no fato de construírem representações românticas sobre o casamento. Se eles devem enveredar pelo caminho do casamento ou não, isso jamais poderá ser decidido a partir de uma representação romântica, mas a partir de uma pergunta nua e crua se é este realmente o seu caminho. Saberei se realmente se trata do meu caminho, quando também sou capaz de encarar as suas consequências. Este método, no entanto, não vale somente para os não casados. Muitos sonham com castelos no ar. Ficam insatisfeitos porque a fantasia lhes promete um mundo muito mais bonito. E é justamente nisso que o método de pai Olímpio se torna benéfico: trazendo o castelo no ar para a terra, confrontando a fantasia com a realidade e encarando todas as possíveis consequências. É nesta hora que a fantasia se transforma, revelando o que realmente em mim gostaria de viver e como eu poderia ligar este desejo com a realidade, sem precisar desfazer-me de meu atual ideal de vida.

Mas ainda um outro pensamento pode afligir-nos: abandonar a vida levada até o presente momento, deixar a atual profissão, fazer algo completamente diferente. Muitas vezes, todos os argumentos nesta hora de nada adiantam. Este pensamento volta sempre à tona. No entanto, também para estes momentos, alguns ditos dos patriarcas nos indicam um caminho concreto. Um deles, depois de ter lutado durante longos anos contra o pensamento de visitar um determinado irmão, chega a refletir concretamente sobre a maneira como vai ao encontro dele, como o cumprimenta e como fala com ele. Fica imaginando também a refeição com ele, cozinha algo para si, come e bebe à vontade, "e imediatamente a luta desaparece" (*Apot* 22).

Pessoas insatisfeitas com sua profissão necessitam ocupar-se realmente, nem que seja uma única vez, com a profissão desejada e experimentá-la para então poderem retornar saudavelmente ao estado atual com novo vigor e contentamento. O mesmo vale também para um marido, que possa ter-se apaixonado por uma outra mulher. Geralmente ele só conseguirá desprender-se de seus sonhos românticos quando representar concretamente para si mesmo como seria viver com esta mulher, abandonar tudo o que fez até o presente e estar dia após dia ao lado dela. Quando coloca seus sonhos dentro da realidade e realmente os admite, também será capaz de desligar-se deles.

Também no método antirrético – já exposto acima, ao tratar da superação da acídia – está em jogo o conhecimento dos seus próprios pensamentos para procurar então, dentro da Sagrada Escritura, a palavra capaz de curar os pensamentos doentios a partir de suas causas. Este método, que consiste em falar uma palavra bíblica contra seus próprios pensamentos e sentimentos negativos, foi assumido até mesmo pelo método americano do assim chamado pensamento positivo. Neste caso, porém, muitas vezes é como se nós pudéssemos manipular nossos sentimentos. Nós só precisaríamos pensar positivamente para que tudo voltasse a estar na devida ordem.

Evágrio fundamenta o método antirrético tanto a partir da prática de Davi como também da atividade de Jesus. Segundo uma de suas cartas, o intelecto precisaria conhecer primeiramente as intrigas enganadoras dos demônios. Este é o pressuposto para o conhecimento de Cristo, para a contemplação. O caminho para lá chegar passa pela luta com os demônios: "Por isso ele – o intelecto – deve ser destemido diante de seu adversário, como mostra o bem-aventurado Davi, apresentando palavras tiradas da boca dos demônios e então contestando-as. Com efeito, se os demônios dizem: 'Quando ele há de morrer e seu nome desaparecer?', ele diz: 'Eu não morrerei, mas haverei de viver e anunciarei as obras do Senhor'. E, novamente, se os demônios dizem: 'Foge e permanece nas montanhas como o pardal', ele diz: 'Pois ele é meu Deus e meu Salvador, meu refúgio vigoroso e eu não vacilarei'. Portanto, observa as palavras que se contradizem umas às outras e ama a vitória, imita Davi e presta atenção em ti mesmo!" (EVÁGRIO. *CartDes* 11).

O método de Davi consiste em dividir sua alma em duas partes: entre a triste e a que anima, entre a que é doente e a que é saudável. Estas duas esferas da alma devem dialogar uma com a outra. A parte doente se manifesta por meio de objeções negativas tais como: "Eu não posso fazer isso, ninguém gosta de mim, ninguém se preocupa comigo, comigo tudo sai errado". Contra tais pensamentos deve-se procurar uma palavra na Escritura. Evágrio fez isso, para seus irmãos, em seu livro *Antirrheticon:* "Entretanto, visto que durante os momentos de luta nós não encontramos com suficiente rapidez as palavras que deveriam ser ditas contra nossos inimigos, que são os odiados demônios, e uma vez que tais palavras se encontram dispersas nas Escrituras e é difícil encontrá-las, nós, repletos de zelo, as recolhemos das Escrituras. Desse modo, armados com elas, perseguimos vigorosamente os filisteus, perseverando na luta como homens fortes e soldados de nosso vitorioso rei Jesus Cristo" (EVÁGRIO. *Anti,* prólogo).

O modelo para esta luta é o próprio Cristo. Pois, quando tentado pelo diabo, pronunciou palavras da Escritura contra suas objeções mentirosas: "O próprio Nosso Senhor Jesus Cristo, tendo abandonado tudo para nos salvar, concedeu-nos o poder de andar por sobre serpentes e escorpiões e sobre todo tipo de poder do maligno. E, juntamente com todo seu ensinamento, nos transmitiu o que ele mesmo fez quando foi tentado por Satanás, para que, no momento da luta, quando os demônios saem à luta contra nós lançando seus projéteis, possamos enfrentá-los com as Sagradas Escrituras, para que os pensamentos perversos não permaneçam em nós, não subjuguem a alma pelos pecados que realmente ocorrem, não a manchem nem a deixem afundar-se na morte dos pecados... Sempre que na alma não existe pensamento apropriado para se opor ao maligno sem descanso e rapidamente, o pecado acaba tendo a supremacia" (EVÁGRIO. *Anti,* prólogo).

O método antirrético exige que observemos primeiramente os nossos pensamentos com rigor e os encaremos para ver se nos tornam sãos ou doentios, se nos levantam ou rebaixam, se correspondem ou não ao espírito de Deus. Evágrio descreve o exame do pensamento usando a imagem do vigia: "Sê um vigia do teu coração e não deixes nenhum pensamento sozinho, e fala a ele: 'És tu um dos nossos ou um dos adversários?' E se ele pertencer ao teu lar, então haverá de encher-te de paz. Entretanto, se for um dos inimigos, haverá de deixar-te confuso por meio da cólera ou haverá de deixar-te agitado por meio de uma ambição. Assim são os pensamentos dos demônios" (EVÁGRIO. *CartDes* 11). Evágrio alude aqui à parábola do vigia, de Jesus (Mc 13,34s.). Nós devemos observar rigorosamente quais pensamentos gostariam de entrar em nosso lar. Os pensamentos dos demônios que nos deixam doentes, nos atrapalham na vida e nos fecham para Deus, devem ser barrados com uma palavra da Escritura. E se nós já tivermos encontrado estes pensamentos negativos dentro de nosso lar, devemos expulsá-los novamente dali, valendo-nos para isso de uma palavra da Escritura.

Portanto, também neste método, a condição prévia está numa pormenorizada autoinvestigação. A reação aos pensamentos é outra coisa. Nela não travamos nenhum diálogo com os pensamentos, perguntando o que eles gostariam de dizer-nos e que força se encontra neles, mas simplesmente opomos algo a eles. Este método será então adequado sempre que sentirmos que os pensamentos são inúteis, não nos conduzem por uma senda vital e só querem atrapalhar nossa vida. Este método é adequado sobretudo quando os pensamentos tendem a voltar sempre de novo, quando já se transformaram numa espécie de roteiro de vida como o descreve a análise transacional. Segundo esta escola psicológica, muitas pessoas vivem simplesmente seu roteiro de vida. Uma mulher jovem, por exemplo, reconheceu, por meio da terapia, que seu roteiro de vida era o seguinte: "Todos os homens são assassinos". Pode-se imaginar que não se consegue viver bem com um tal roteiro. Outro roteiro típico diz: "Eu sou um fracassado, um perdedor, comigo tudo vai mal, eu nunca vou conseguir nada".

Proposições como estas já não podem mais ser analisadas. A interrogação de tais pensamentos certamente pode esclarecer-nos a sua origem, por exemplo, que nós constantemente recebemos tais mensagens dos pais. No entanto, o conhecimento da origem ainda não dissolve estes pensamentos. O que pode ajudar, neste caso, é procurar, como Evágrio, passagens nas Escrituras capazes de desfazer e eliminar tais roteiros de vida negativos.

Segundo Carl G. Jung, sempre temos os dois polos dentro de nós: medo e confiança, amor e agressão, tristeza e paz, força e fraqueza. Muitas vezes, porém, estamos fixos num dos polos; no medo, por exemplo. O medo manifesta-se constantemente em pensamentos como: "Não sou capaz de fazer isso. Tenho medo. O que os outros pensam de mim? Vou cometer uma gafe".

Eu posso perguntar a este medo o que ele gostaria de me dizer, mas posso também perfeitamente recitar para ele o Salmo 118, que diz: "O Senhor está comigo: nada temo. O que poderão fazer-me os homens?" O verso deste salmo não expulsa por si só o medo. Mas pode colocar-me em contato com a confiança que também se encontra escondida em mim mesmo. Com efeito, em mim não há somente medo, mas há também sempre confiança. Portanto, a Sagrada Escritura coloca-me em contato com o que já está em mim. E com isso a confiança – que já está em mim – pode tornar-se consciente e crescer. Isso relativiza meu medo. O método antirrético, portanto, me coloca em equilíbrio comigo mesmo, impedindo que os pensamentos negativos se estabeleçam em mim e me influenciem.

Um outro método ainda de lidar com meus pensamentos consiste em falar a respeito deles com uma outra pessoa. Atualmente, os consultórios dos psicólogos estão apinhados de gente porque não ousamos falar abertamente sobre nós na frente de nossos amigos, sobretudo sobre nossos sentimentos negativos, especialmente sobre nossas paixões, fraquezas e culpas. Desse modo, muitas pessoas acabam ficando sozinhas com seus pensamentos e os reprimem. Contudo, uma vez reprimidos, os pensamentos começam a ferver, até que num determinado momento a tampa vai para os ares. O fato de contar os pensamentos aos outros retira deles – segundo dizem os monges – o perigo de me aniquilarem. Um dos patriarcas aconselha o seguinte: "Quando estiveres sendo importunado pelos pensamentos impuros não os encubras, mas manifesta-os imediatamente ao teu pai espiritual e aniquila-os. Pois à medida que encobrimos nossos pensamentos, eles se multiplicam e tornam-se ainda mais fortes. Assim como uma serpente ao sair de seu esconderijo logo sai correndo, assim o pensamento logo se esvai quando é manifestado. E assim como um caruncho destrói a madeira, assim também o pensamento mau destrói o coração. Aquele que manifesta seus pensamentos fica curado imediatamente; mas aquele que os esconde, fica doente da soberba" (GRÜN. *Einreden...* 61, 23). O pensamento mau é comparado aqui com um caruncho que corrói o coração. Se, por meio do diálogo, chamarmos o caruncho para fora, a madeira ficará sadia e o coração poderá sentir-se aliviado novamente.

8

A FORMAÇÃO ESPIRITUAL
DA VIDA

Para os monges é muito importante a maneira como eles estruturam concretamente seu dia e que exercícios praticam. À primeira vista, isto parece algo exterior. Na realidade, porém, aí se decide se a vida será bem-sucedida ou não. Pois uma espiritualidade sadia necessita também de um estilo de vida sadio.

"Pai Poimen disse: Encontramos três exercícios corporais no patriarca Pambo: jejuar durante o dia todo até à noite, calar e muito trabalho manual" (*Apot* 724). Com estes exercícios Pambo chegou à sua maturidade espiritual. A perseverança consequente nestas três coisas fez com que ele fosse transformado. De forma semelhante fica sabendo Antão, por meio de um anjo, como sua vida poderia ser bem-sucedida. Quando, tomado de mau humor, pergunta ao anjo pelo que deve fazer, avista alguém que se parece com ele: "Ele estava sentado e trabalhava. Levantou-se do trabalho e orou, sentou-se novamente e trançou uma corda e aí levantou-se outra vez para orar. Eis que era um anjo do Senhor, enviado a fim de dar instrução e certeza a Antão. Ele ouviu o anjo dizer-lhe: 'Procede assim e alcançarás a salvação'. Ao ouvir isso, foi tomado de grande alegria e coragem. E através deste modo de proceder ele encontrou a salvação" (*Apot* 1). A clara ordenação do dia, a saudável união da oração e do trabalho, do estar sentado e do estar de pé, do trançar cordas e do orar constituem o caminho para a serenidade interior. É ela que purifica os sentimentos negativos e deixa os homens interiormente em ordem.

Ao patriarca João atribuiu-se um outro exercício: "Conta-se que, ao regressar para casa depois da colheita ou depois de visitar anciãos, o patriarca João dedicava-se à oração, à meditação e à salmodia, até que seu pensamento voltasse à ordem que tinha ao princípio" (*Apot* 350). João não permite que as emoções despertadas pelo diálogo com seus confrades tenham livre curso. Em primeiro lugar, ele reserva um tempo para a oração, para que as emoções possam vir a esclarecer-se. Quando carregamos não elaboradas emoções para casa e ainda por cima as sufocamos com atividade excessiva – de qualquer espécie –, elas se estabelecem no inconsciente, criando em nós, a partir desse momento, uma insatisfação difusa. Da mesma maneira como nossa vida exterior deve entrar em ordem, assim também deve suceder com o nosso pensamento. Um pensamento desordenado – no dizer dos patriarcas – confunde o monge e deixa-o entregue às suas paixões. E aquele que dá livre curso aos seus pensamentos e sentimentos, sem confrontar-se com eles, é por eles interiormente contagiado. E assim, sem que o perceba, é governado pelos impulsos inconscientes e perde sua liberdade.

A respeito do patriarca João conta-se ainda algo semelhante: "Certa vez, tendo ido à igreja de Scete e ouvindo como alguns dos irmãos disputavam entre si, voltou para a sua cela. Antes de entrar nela, rodeou-a por três vezes. Alguns dos irmãos que o haviam observado, mas não podendo imaginar por que havia feito isso, vieram até ele e o interrogaram. E ele lhes disse: 'Meus ouvidos estavam cheios das disputas; fiz estas voltas a fim de purificá-los para, desta maneira, poder entrar em minha cela com serenidade'" (*Apot* 340). Esta passagem mostra que o patriarca João não leva os pensamentos primeiramente para casa a fim de poder ali esclarecê-los. Pelo contrário, livra-se deles antes mesmo de chegar em casa. O andar em volta da cela é, para ele, o meio encontrado para se livrar da emoção negativa que encontrou entre os irmãos que estavam em disputa.

Todas as tardes repetem-se numerosos dramas quando os maridos retornam para casa, trazendo consigo todo o caos de sentimentos negativos do local de trabalho. As mulheres alegram-se com seus maridos que voltam para o lar. Eles, porém, estão cheios dos pensamentos do trabalho. E, assim, não há encontro, falam sem se entender, descarregam seus problemas que trazem de outros lugares. Neste momento em que se está a caminho do lar, seria um bom exercício não precipitar as coisas, a fim de libertar-se cuidadosa e conscientemente das emoções do mundo do trabalho. Aí, então, poder-se-ia encontrar a família que está à espera em casa, de uma maneira realmente aberta. Então, estar-se-ia presente e desperto para aquilo que de fato move as pessoas no lar.

A Pai Antão se atribui a seguinte sentença: "O monge deve, enquanto possível, dizer com confiança ao patriarca quantos passos ele dá, ou quanta água bebe em sua cela, a fim de estar seguro de não estar pecando" (MILLER. *Sab-Pad* 40). A configuração exterior da vida é muito importante para os monges. Nela eles reconhecem se alguém está sadio ou não, se alguém realmente procura a Deus ou se procura apenas a si mesmo. A ordem exterior põe o monge interiormente em ordem. Ela purifica seu pensamento, seus sentimentos e cria espaço para tornar-se também límpido e transparente interiormente.

A espiritualidade dos primeiros monges tem a força de formar e transformar a vida. Hoje em dia, corremos o risco de escrever unicamente *sobre* a espiritualidade. E, no entanto, ela não se manifesta na vida concreta e não tem força de marcar a vida. Certa noite, quando me encontrava numa casa paroquial, o padre durante o jantar não sabia fazer outra coisa a não ser assistir televisão. Pensei comigo: amanhã ele poderá pregar o que ele bem quiser. Se a vida não vai bem, a pregação também não irá bem e a espiritualidade acaba ficando sem valor.

A espiritualidade dos monges produziu uma cultura de vida. Ela nos desafia ainda hoje a nos deixarmos penetrar espiritualmente por ela, a cultivar uma vida espiritual que se torna visível também exteriormente.

Para os monges, o caminho para uma cultura da vida espiritual era sempre um exercício concreto. Havia, em geral, três conselhos que um pai espiritual dava a um jovem monge quando este lhe perguntava a respeito da via do verdadeiro monaquismo.

"Certa vez, um irmão, que vivia com outros irmãos, perguntou a pai Bessarião: 'O que devo fazer?' Respondeu-lhe o ancião: 'Cala e não te meças com os outros'" (*Apot* 165). O calar e a renúncia a comparar-se com os outros deve ser o exercício suficiente para o monge. Se ele for consequente ao perseverar nisso, seu pensamento e seus sentimentos haverão de purificar-se e, assim caminhando, ele estará aberto para Deus.

Antão recomenda ainda um outro exercício: "Pai Pambo perguntou a Pai Antão: 'O que devo fazer?' Retrucou-lhe o ancião: 'Não construas sobre a tua própria justiça, nem te lamentes de algum acontecimento passado, e exercita a moderação de tua língua e de teu ventre'" (*Apot* 6). Estes são, novamente, exercícios concretos que Antão oferece a Pambo. Não preconiza um conjunto de pensamentos espirituais complicados, mas encaminha o discípulo a tarefas práticas da vida que lhe servem de exercícios, introduzindo-o assim no mistério de Deus e do ser humano.

Aqui, ao lado da abstinência da língua e do ventre, do calar e do jejum, temos igualmente a humildade, que também é descrita em muitas outras sentenças dos patriarcas como o caminho régio para Deus. A humildade é considerada pelos monges como "a virtude mais elevada, pois faz com que o ser humano possa erguer-se até de um abismo, mesmo que o pecador seja como um demônio" (*N* 558).

O terceiro exercício consiste no interessante conselho de não arrepender-se de alguma coisa do passado. Nas aulas de catequese que tive sobre o sacramento da confissão sempre me chamaram a atenção para a importância do arrependimento dos meus pecados. Somente quem se arrepende consegue alcançar o perdão. E isso está certamente correto. Às vezes, porém, pensamos demonstrar algum agrado a Deus, tornando-nos tão contritos a ponto de falar mal de nós mesmos e acusar-nos através do arrependimento. Neste particular, o patriarca Antão dá-nos um outro conselho: O que passou, passou! Isso vale para os acontecimentos passados, pois não devemos ficar meditando insistentemente sobre nosso passado. Mas isso va- le também para nossos defeitos e pecados, uma vez que também não devemos lamentá-los. Pois eles são passado. O que precisamos é prestar menos atenção em nós mesmos e em nossas falhas, e mais em Deus: "Pois Deus é maior do que nosso coração; e ele sabe tudo" (1Jo 3,20). Deus sabe certamente de nossas falhas. E nós, com certeza, deveremos voltar a pecar novamente. Não podemos garantir, por nós mesmos, que não voltaremos a pecar. Contudo, não devemos permitir que o pecado acabe tendo algum poder sobre nós. E uma maneira de eliminar o poder do pecado sobre nós consiste em deixar que se torne passado e não mais pensar nele. Nós o apresentamos e entregamos a Deus. Desse modo, também já se terá tornado passado e não precisaremos mais preocupar-nos com ele.

Este conselho de Antão exprime uma fé enorme na graça e na benevolência de Deus, uma vez que ele conhece nosso coração e sabe compreendê-lo.

Assim pai Paulo de Gálata fala de si mesmo e do seu exercício diário: "Tenho sempre estas três coisas presentes no espírito: calar, humildade de espírito e dizer para mim mesmo: Eu não tenho nenhuma preocupação" (*EthColl* 13,66). Aqui nos deparamos novamente com o calar, tão aconselhado pelos monges; deparamo-nos também com a humildade como a atitude fundamental da pessoa religiosa. Um dos padres monásticos é até capaz de dizer: "Onde não há humildade, também não há Deus" (*Arm* II 279 A). A humildade é a condição prévia para poder experimentar a Deus. Sem a humildade, corremos não só o perigo de fazer cobranças a Deus como também de submetê-lo aos nossos pensamentos e vontades.

O terceiro exercício consiste na despreocupação. O padre monástico a exercita dizendo sempre de novo: "Eu não tenho nenhuma preocupação". Ele precisa dizer esta palavra com clareza para si mesmo, toda vez que em seu coração surgem pensamentos de preocupação. Pois não existe ser humano destituído de preocupação. Segundo o modo de pensar de Martin Heidegger, a preocupação constitui mesmo o existencial fundamental do ser humano. O ser humano é essencialmente alguém que se preocupa. Pois, enquanto sustento que "não tenho nenhuma preocupação", é possível que o sentimento se transforme e cresça em mim a fé na proximidade de Deus. Aqui, portanto, se indica um caminho para exercitar-se na fé em Deus. E, assim, eu não acabo metendo algo artificialmente na minha cabeça, nem manipulo meu pensamento. Mas, pelo contrário, conto com o fato de ter preocupação. E, no entanto, procuro exercitar concretamente a mensagem bíblica a respeito da fé no Deus, que se preocupa conosco, repetindo sempre de novo para mim: "Não tenho nenhuma preocupação".

Hoje em dia, muitos psicólogos recomendam que a pessoa se encoraje com palavras positivas e frases de confiança – algo como acontece no exercício de relaxamento. Tudo isto, porém, sempre o fizeram os monges de outrora.

Para os primeiros monges, a vida espiritual também significava a arte de uma vida saudável. Não é por acaso que os monges alcançaram idades tão avançadas. Sua ascese não era uma ascese de negação da vida, mas, pelo contrário, uma ascese que fomentava e promovia a vida. A dietética, isto é, a arte de uma vida saudável, tarefa mais importante da antiga medicina, também foi incorporada pelos monges em sua vida espiritual. Eles compreenderam que o caminho espiritual consiste na arte de uma vida saudável. E não há vida espiritual saudável sem que haja também um estilo de vida saudável. É a partir dessa experiência que os monges ordenaram sua vida tão nitidamente e é a partir dela que puderam recomendar uma saudável alternância entre oração e trabalho, entre vigília e sono, entre refeição e jejum, entre solidão e convivência, como norma de uma vida saudável. Pois é através da ordem exterior que o homem entra em ordem também interiormente. Não se trata, naturalmente, de uma ordem forçada e à qual a pessoa se subjuga, mas trata-se de um estilo de vida saudável que mantém o corpo e a alma saudáveis. Este estilo de vida dos monges atinge, por exemplo: a divisão do tempo, a alimentação, o trabalho, a moradia e o relacionamento transparente com um patriarca.

Hoje em dia, certamente não nos é possível meramente copiar o estilo de vida dos patriarcas. Porém, o princípio segundo o qual a ordem exterior nos leva à ordem interior, o princípio segundo o qual um estilo de vida saudável também torna a alma saudável, certamente podemos vivenciá-lo ainda nos dias de hoje.

Ao longo da história do monaquismo, o estilo de vida saudável foi descrito sobretudo por São Bento. Para ele, a límpida estruturação da vida, do trabalho, da comunidade e do poder era decisiva para o restabelecimento do ser humano. E embora São Bento tivesse previsto sua regra apenas para uma pequena comunidade, o resultado é que ela acabou se tornando um dos paradigmas de regulamentação para toda a Europa. E, partindo de pequenas comunidades que viviam segundo esta regra, tornou-se ela uma fonte cultural para todo o Ocidente. Cultura é sinônimo de vida formada e conformada. Quando eu mesmo dou forma à minha vida, quando lhe dou uma forma que se parece comigo e que me agrada, então, passo a ter prazer pela vida. Tenho a sensação de que sou eu mesmo quem vivo, e não de que sou meramente vivido pela vida, isto é, que simplesmente vegeto ou que encaro a vida passivamente. E isso se faz presente no modo como me levanto, como começo o dia, como vou ao trabalho, como realizo minha refeição e como encerro o dia. Um estilo de vida saudável necessita também de rituais saudáveis. Quando não prestamos atenção aos nossos rituais, introduzem-se furtiva e indistintamente rituais doentios e que nos fazem ficar doentes. São exemplos disso: o fato de nos agitarmos demasiadamente ao longo do dia, de engolirmos rapidamente o lanche, de constantemente nos atrasarmos, etc. Rituais saudáveis colocam-me em ordem e me dão a satisfação de dar forma à minha própria vida.

A respeito dos ritos, escreve Erhart Kästner o que ele observa no Monte Atos: "Ao lado da necessidade de se conquistar o mundo, há também sempre uma necessidade inata de cunhar o próprio eu a partir de formas antigas. Em meio aos ritos a alma se sente bem. Os ritos são o seu casulo estável. E é aí que a alma se permite habitar; [...] é aqui que são preparadas as tigelas fartas e as patenas da alma. É aqui que ela entra e sai. Pois dádivas costumeiras implicam necessariamente também num banquete costumeiro. Se, por um lado, a cabeça sempre tem ânsia pelo novo, por outro lado, porém, o coração anseia sempre pela mesma coisa" (KÄSTNER. *Stundentrommel...* 65).

Rituais saudáveis proporcionam confiança, proteção e clareza à vida. É neles que ela se permite habitar e sentir em casa.

9

MANTENDO A MORTE DIARIAMENTE DIANTE DOS OLHOS

São Bento, em sua regra, aconselha os monges a manterem a morte diariamente diante dos olhos. Com isso, ele resume o que se conta em numerosas histórias de monges. Os monges vivem na consciência de sua morte. E isso os torna interiormente mais vivos e mais presentes. O pensar na morte liberta-os de todo medo. Um jovem monge perguntou a um patriarca nestes termos: "'Por que o medo toma conta de mim quando saio sozinho durante a noite?' Disse-lhe o ancião: 'Porque a vida deste mundo ainda possui valor para ti'" (EVÁGRIO. *OitPens* 190). O pensar na morte tira de nós o medo porque paramos de depender do mundo, de nossa saúde e de nossa vida. O pensar na morte também nos possibilita viver e experimentar conscientemente cada momento como dádiva da vida e saboreá-la dia a dia.

Em muitas palavras dos monges sentimos uma profunda ânsia e desejo da morte. Mas esta ânsia e desejo da morte, para estar ao lado do Senhor, confere aos monges "uma surpreendente jovialidade, de modo que um deles ouviu esta pergunta: 'Por que acontece que tu nunca estás triste?' E ele respondeu: 'Porque desejo e espero morrer todo dia'. Um outro disse: 'A pessoa que mantém a morte diante dos olhos por todo o tempo supera facilmente a tristeza e a estreiteza da alma'" (RANKE-HEINEMANN, *Mön-*

chtum... 30). Assim, o exercício de manter a morte diariamente diante dos olhos é expressão da ansiedade e do desejo de "estar com nosso Senhor no paraíso" (RANKE-HEINEMANN, *Mönchtum...* 41).

Para os monges, à ansiedade e desejo da morte associa-se também uma expressiva espera da parusia. A expectativa pela escatologia iminente dos primeiros cristãos se acende novamente entre os monges. Escreve Rufino "que os monges esperavam a chegada de Cristo como as crianças esperam por seu pai ou uma tropa por seu rei, ou ainda como um servo fiel por seu senhor e libertador. Num outro lugar diz: 'Eles não queriam mais preocupar-se com a vestimenta e com a alimentação, mas, entre hinos, esperavam unicamente pela parusia de Cristo'" (Assim, o exercício de manter a morte diariamente diante dos olhos é expressão da ansiedade e do desejo de "estar com nosso Senhor no paraíso" (RANKE-HEINEMANN, *Mönchtum...* 41)., *Mönchtum...* 32). A leveza que podemos perceber em muitos padres do deserto está ligada certamente a esta espera da parusia. E é a partir dela que Evágrio pode comparar o monge a uma "águia altaneira" (EVÁGRIO. *OitPens* 51). Por esperar pelo Senhor, o monge torna-se livre das preocupações mundanas, do julgamento e das expectativas dos homens. A serenidade jovial, a liberdade, a confiança e a sinceridade para com o momento presente forjam o monge que anseia pelo Senhor.

Muitas sentenças dos patriarcas partem do fato de que nós precisamos morrer primeiro para o mundo, a fim de estarmos à altura das tarefas que o mundo nos apresenta. "Um irmão disse ao patriarca Moisés: 'Vejo diante de mim uma tarefa e não consigo realizá-la'. Então o velho lhe respondeu: 'Se não te tornares semelhante a um cadáver como aqueles que estão sepultados, não poderás realizá- la'" (*Apot* 505).

Quando me identifico plenamente com minha tarefa ou faço com que minha autoestima dependa de eu ser ou não capaz de realizá-la, não poderei realmente dominá-la.

A fixação em minha tarefa me bloqueia. Eu não sou livre para empreendê-la, porque preciso de qualquer forma executá-la corretamente. O medo de poder vir a fracassar atrapalha a boa execução da tarefa. Morrer significa abandonar a identificação com a tarefa. Somente então eu me torno livre para realizá-la bem. Pois já não depende tudo do fato de como eu a executo. Morrer para o mundo, ou seja, imaginar que estou deitado na sepultura, exprime o que a psicologia transpessoal chama atualmente de des-identificação. Ou seja: observo meus pensamentos e meus sentimentos, mas não me identifico com eles. Olho para minhas tarefas que tenho a realizar, mas não sou estas tarefas. Tenho raiva, mas não sou minha raiva.

A psicossíntese, elaborada por Roberto Assagioli, desenvolveu o método da des-identificação[7]. Observo meus pensamentos e meus sentimentos; meu medo, por exemplo. Sinto o medo, mas nesta hora coloco-me por detrás dele como uma testemunha imóvel e como um si-mesmo intocável e inatingível. Esse núcleo interior, o si-mesmo espiritual – como o chama Assagioli –, não é atingido pelo medo e pelos sentimentos que se imprimiram no meu domínio emocional. A des-identificação me liberta da obrigação de ter de realizar a tarefa com perfeição. A des-identificação é, segundo a psicologia transpessoal, a verdadeira terapia. Enquanto nós nos identificarmos com algum problema, ele será nosso problema constante. Nós só nos tornaremos realmente livres do problema quando pararmos de nos identificar com ele. "A des-identificação do ego, pela qual o ser humano reconhece sua verdadeira essência, é, segundo a psicoterapia transpessoal, o primeiro e mais importante pressuposto para sua libertação" (WALSH & VAUGHAN. *Psychologie...* 187).

O método da des-identificação evidencia-se também numa outra sentença dos patriarcas: "Um irmão aproximou-se do patriarca Macário o Egípcio e lhe disse: 'Pai, dize-me uma palavra! Como posso alcançar a salvação?' E o ancião lhe ensinou: 'Olha para a sepultura e zomba dos mortos. Então, o irmão dirigiu-se até lá, zombou e atirou pedras. Em seguida, ele retornou e contou ao ancião o que havia feito. Este, porém, lhe perguntou: 'E eles não te disseram nada?' Respondeu então ele: 'Não!' Então o ancião lhe disse: 'Volta lá amanhã e louva-os!' O irmão foi para lá e louvou-os, dizendo: 'Apóstolos, santos, justos!' Retornando para junto do ancião, lhe contou: 'Eu os louvei!' Então o ancião lhe perguntou: 'Eles não responderam nada?' O irmão lhe respondeu: 'Não!' Aí o ancião lhe ensinou: 'Sabes o quanto tu os insultaste e eles não te responderam nada; sabes também o quanto tu os louvaste e eles não te disseram nada. É assim que tu também deves ser se quiseres alcançar a salvação. Sê como um cadáver, não observes nem a injustiça dos homens nem seu elogio, mas sê como os mortos; então, haverás de ser salvo!'" (*Apot* 476).

À primeira vista, este método parece ser algo macabro, como se nós devêssemos ser insensíveis como os mortos. Na realidade, porém, o objetivo é que superemos o plano da identificação com o elogio e a repreensão, isto é, que exercitemos a des-identificação. Nossa vida somente será bem-sucedida – diz-nos esta sentença dos patriarcas –, quando deixarmos de depender do elogio e da repreensão. E é desse modo que nunca estamos próximos de nós mesmos. Também interessante, aqui, é que os sentimentos de elogio e repreensão devem ser primeiramente exercitados à exaustão antes que o plano dos sentimentos possa ser ultrapassado, antes que o jovem irmão compreenda que não será capaz de encontrar no plano de seus sentimentos o caminho em que sua vida seja bem-sucedida.

Tornar-se como os mortos não significa ser destituído de sentimentos. Mas significa o que acontece no batismo, isto é, que nós morremos para o mundo. O mundo, quer dizer, as pessoas com suas expectativas e pretensões, com suas normas e julgamentos não têm poder algum sobre nós. Vivemos num outro limiar. Vivemos numa realidade espiritual sobre a qual o mundo não possui poder algum. E isso nos torna livres. Se constantemente dependermos do elogio, sempre continuaremos insatisfeitos. Pois somos insaciáveis em nossa ânsia por elogio.

Macário nos aconselha a não abandonarmos completamente nossas necessidades de elogio. Pois não nos é possível fazer isso. E, no entanto, não devemos identificar-nos com o elogio ou com a repreensão dos outros. O que devemos experimentar é que em nós há uma outra realidade, que possuímos uma dignidade divina cuja existência independe de as pessoas nos elogiarem ou de nos repreenderem. Somente a experiência desta dignidade divina em nós nos torna livres diante do elogio e da repreensão. Não se trata de uma renúncia que nos impomos a duras penas, mas é expressão de nossa experiência interior.

Devemos estar mortos sobretudo para o nosso próximo. "Certa vez, o patriarca Poimen contou o seguinte: Um irmão perguntou ao patriarca Moisés de que modo uma pessoa poderia tornar-se morta para seu próximo. O ancião lhe respondeu: 'Se o homem não se tornar em seu coração como alguém que jaz na sepultura há três dias, não chegará a esta atitude espiritual'" (*Apot* 506).

E ao patriarca Moisés atribuiu-se a seguinte sentença: "A pessoa deve estar morta para seu colega, de modo a não vir a condená-lo em algum assunto" (*Apot* 508). Estar morto para o próximo significa, antes de mais nada, renunciar a condená-lo. Eu não tenho direito de julgar os outros. O estar-morto para o próximo, no entanto, pode também significar que eu me torno independente dos problemas dos outros e que não me identifico com suas dificuldades. Isso naturalmente não deve tornar-se algo desumano como se não tivéssemos nenhum interesse pelo outro. Muitas sentenças dos patriarcas – em que algum patriarca conversa de coração cheio com seu consulente e o consola e anima – mostram que, para os monges, não está em jogo rigidez ou insensibilidade, mas distância interior. Uma sentença dos patriarcas assim diz: "Paésio, irmão do patriarca Poimen, tinha certa vez uma inimizade com uma pessoa fora de sua cela. Não parecendo isso correto a pai Poimen, este levantou-se e foi para junto do patriarca Amonas. Ele lhe disse: 'Paésio, irmão meu, tem uma inimizade com uma outra pessoa, e isto não me deixa em paz'. Pai Amonas lhe respondeu: 'Poimen, não vês que ainda estás vivo! Levanta, vai e recolhe-te em tua cela e dize ao teu coração: Faz já um ano que estás na sepultura'" (*Apot* 576).

Poimen se identifica tanto com seu irmão, que esta inimizade para com uma outra pessoa lhe rouba a paz. Há muitas sentenças dos patriarcas em que um dos patriarcas busca apaziguar algum conflito existente. Aqui, porém, trata-se do próprio irmão. E Poimen, neste momento, não pode ser imparcial. Por isso o patriarca Amonas aconselha-o a imaginar que já faz um ano que ele jaz na sepultura. Esta ideia cria uma distância em relação ao seu irmão. Pois seu irmão é responsável por si mesmo. Poimen não deve transformar este problema num problema pessoal.

A distância em relação aos problemas dos outros é, para qualquer terapeuta, a condição prévia para poder ajudá-los realmente. É por isso que Poimen necessita primeiramente da distância interior em relação ao seu irmão. Somente então ele poderá decidir se pode ajudá-lo e apaziguar o conflito ou se o deixa livre e se confia que ele mesmo pode resolver seu conflito e se torne responsável por si mesmo.

O estar-morto perante o outro é visto por Poimen até mesmo como a condição prévia para uma boa convivência com o outro irmão. Conta-se numa das sentenças dos patriarcas que Poimen tornou-se monge juntamente com outros seis irmãos de sangue. Tendo os mazeus matado muitos monges, os sete irmãos tiveram de fugir, fixando-se em Terenutis. Anub, um dos irmãos, todas as manhãs atirava pedras ao rosto de um ídolo pagão e à tarde pedia que o ídolo lhe perdoasse. Quando Poimen lhe solicitou uma explicação a respeito disso, Anub lhe respondeu: "Foi pelo vosso bem que fiz isso. Vós me vistes lançar pedras ao rosto da imagem, e por acaso ela falou algo ou se irritou?" Poimen responde que ela naturalmente não havia respondido. Anub esclarece-lhe seu comportamento: "Nós somos sete irmãos. Se quereis que moremos juntos, teremos de ser como esta estátua, que não se perturba quando é insultada ou abalada. Porém, caso não queirais viver desse modo, vede que existem quatro portas no templo e cada um de vós poderá sair para onde quiser" (*Apot* 138).

Todos os sete irmãos permaneceram juntos e mantiveram-se fiéis ao conselho de Anub. E foi assim que viveram juntos pacíficos e alegres, durante todo o tempo. A distância em relação às necessidades e emoções pessoais cria uma atmosfera em que os irmãos podem conviver. Não se trata de uma atmosfera destituída de sentimento, mas através desta atitude surge um espaço de amor e proteção, de compreensão de um pelo outro e de uma liberdade em que cada um pode trilhar seu caminho, sem que os outros constantemente queiram ensiná-lo.

Num primeiro momento, estes conselhos nos parecem estranhos. Porém, no fundo, trata-se do cumprimento das seguintes palavras de Jesus: "Se o grão de trigo, caindo na terra, não morrer, fica só; mas, se morrer, produz muito fruto. Quem ama sua vida, acabará perdendo-a; mas quem odiar sua vida neste mundo, vai guardá-la para a vida eterna" (Jo 12,24s.). Precisamos desprender-nos de nós mesmos e de nossas ideias sobre a vida, pois assim há de abrir- se um novo espaço para novas possibilidades para nós. Precisamos desprender-nos do outro, pois assim será possível um verdadeiro relacionamento. Quando, numa amizade, uma pessoa se prende demais a outra, com o passar do tempo o relacionamento se tornará impossível. Uma amizade só poderá subsistir enquanto um se desprende do outro, enquanto um deixa o outro livre e vice-versa. Segundo nos diz também a psicologia, o desprender-se é a condição prévia e fundamental para uma vida plenamente realizada.

10

A CONTEMPLAÇÃO COMO CAMINHO DE CURA

O ser humano não pode ser curado em seu interior através da mera disciplina. O lidar com os pensamentos e os exercícios concretos são um bom auxílio para as paixões se aquietarem e a alma se tornar saudável. Mas só a contemplação produz a verdadeira cura. Assim o experimentaram os monges, assim o descreveu Evágrio Pôntico.

A contemplação é a oração pura, é a oração continuada, a oração acima dos pensamentos e sentimentos, a oração de união com Deus. Evágrio não se cansa em descrever a oração como o presente mais belo com que Deus nos agraciou. A dignidade humana consiste em unir-se a Deus por meio da oração.

"Existe afinal algo que seja melhor que um tratamento íntimo com Deus e que seja mais elevado que viver inteiramente em sua presença? A oração que não se deixa desviar por nada é a oração mais sublime que o homem poderia vir a realizar" (EVÁGRIO. *SobreOra* 34). "A oração é a ascensão do espírito para Deus" (EVÁGRIO. *SobreOra* 35).

Pela oração, o homem deve libertar-se primeiramente de suas paixões e, sobretudo, da ira e das preocupações. Mas aí ele deve também deixar para trás de si os pensamentos piedosos. Não deve apenas pensar em Deus, mas unir-se a ele. Evágrio não se cansa de dizer ao escrever sobre isso: "Quando uma pessoa já se tiver libertado das paixões perturbadoras, isto ainda não significa que ela também já esteja em condição de rezar verdadeiramente. Pois é possível que ela apenas conheça os pensamentos mais puros, porém deixa-se seduzir a pensar sobre eles, e com isso está muito distante de Deus" (EVÁGRIO. *SobreOra* 55).

"O Espírito Santo tem compaixão de nossas fraquezas e frequentemente vem em nosso auxílio, mesmo que nós não sejamos dignos dele. Se ele nos procura, enquanto lhe oramos por amor à verdade, ele nos inunda e nos ajuda a nos desprendermos de todos os raciocínios e pensamentos que nos mantêm presos a nós mesmos, conduzindo-nos assim à oração espiritual" (EVÁGRIO. *SobreOra* 62).

"Vigia para que durante tua oração não te prendas a nenhuma representação, mas permaneças em profundo silêncio. Somente assim é que Deus, compadecido dos ignorantes, haverá de visitar um homem insignificante como tu e presentear-te com o maior de todos os dons que é a oração" (EVÁGRIO. *SobreOra* 69).

"Quando oras verdadeiramente, nasce em ti um profundo sentimento de confiança. Anjos irão acompanhar-te e revelar-te o sentido de toda a criação" (EVÁGRIO. *SobreOra* 80).

"A oração é o comportamento que corresponde à dignidade do espírito; ou, melhor ainda, é sua mais nobre e apropriada ação" (EVÁGRIO. *SobreOra* 84).

Segundo Evágrio, é por meio da contemplação que alcançamos o estado da mais profunda paz. Descobrimos em nós um espaço do puro calar. E é aí que Deus mesmo habita em nós. Evágrio chama a este espaço – que é o espaço de silêncio em nós – de "lugar de Deus" ou "visão de paz". Numa carta a um amigo escreve ele: "Se o intelecto, por meio da graça de Deus, foge destas coisas (isto é, das paixões) e se desprende do seu homem velho, então sua própria situação durante o tempo da oração lhe parece como uma safira ou da cor do céu. É o que a Escritura chama de lugar de Deus e que os antigos viram no monte Sinai. A Escritura também chama este lugar de visão de paz, onde a pessoa contempla em si mesma aquela paz que é mais sublime que toda compreensão e que guarda e protege nosso coração. Pois num coração puro é forjado um outro céu, cuja visão é luz e cujo lugar é espiritual, e em que, de uma maneira maravilhosa, pode ser avistado o conhecimento dos entes – isto é, das coisas. Pois também os santos anjos se reúnem perto daqueles que lhes são dignos" (EVÁGRIO. *CartDes* 39).

É por meio da oração que o homem vê sua própria luz. E é por esta luz que ele descobre a sua própria natureza, que é toda reluzente e tem parte na luz de Deus. Neste lugar de Deus, no lugar da paz no interior da alma, tudo é silêncio e aí só Deus habita. Aí tudo é curado. É também aí que, no amor de Deus, todas as feridas que a vida possa nos ter infligido são cicatrizadas. Aí desaparecem todos os pensamentos em relação às pessoas que nos feriram. Nossas paixões não têm aí nenhum acesso; aí também os homens não podem atingir-nos com suas expectativas, opiniões e preconceitos. Pois é aí que nos unimos a Deus, mergulhamos em sua luz, em sua paz, em seu amor. Esta é a meta do caminho espiritual.

O caminho espiritual dos primeiros monges, portanto, não é um caminho moral, mas um caminho místico e mistagógico, um caminho que nos conduz para dentro de Deus. Por isso os escritos de Evágrio não respiram um ar de severidade e aspereza. Ao contrário, respiram amor, atenção e alegria por nossa vocação de podermos unir-nos a Deus através da oração. Pode-se até mesmo pressentir em suas palavras a ansiedade por Deus. Rezar tranquilamente e sem dispersão constitui o máximo que um homem pode vir a realizar; e isso os monges aspiram de todo o coração.

"A oração verdadeira torna o monge semelhante aos anjos, uma vez que ele anseia insistentemente por ver seu Pai que está no céu" (EVÁGRIO. *SobreOra* 113). "Bem-aventurada é aquela alma que, rezando sem dispersão, deseja e anseia sempre mais profundamente a Deus" (EVÁGRIO. *SobreOra* 118).

"Desejas rezar verdadeiramente? Então mantém-te afastado das coisas deste mundo. Seja tua pátria o céu. Já não deves viver somente com palavras, mas através de ações angelicais e com conhecimento sempre mais profundo de Deus" (EVÁGRIO. *SobreOra* 142).

A meta do caminho espiritual, segundo os monges, é unir-se ao Deus trino. Evágrio chama isso de contemplação do Deus trino. O caminho para chegar a esta contemplação vai do êxodo no Egito – sair da dependência dos pecados –, passando pela permanência no deserto – em que o monge luta com as paixões –, até a Terra Prometida. É aí que o monge experimenta a contemplação das coisas, isto é, ele vê as coisas desde seu fundamento e reconhece Deus em todas as coisas. E também aí que ele se eleva a Jerusalém que, segundo Evágrio, é símbolo da contemplação da essência imaterial e espiritual. A meta do caminho espiritual é Sião, imagem da contemplação da Trindade. No Deus trino o homem encontra a si mesmo, e nele reconhece sua essência verdadeira.

Traduzindo o ensinamento de Evágrio para nossa linguagem, isso significa: a terapia verdadeira de nossos problemas e feridas consiste na oração. É por meio da oração e da contemplação que suspendemos a identificação com nossos pensamentos e sentimentos. A psicologia transpessoal vê nesta des-identificação – como já foi dito anteriormente – a possibilidade de uma real e verdadeira terapia. Enquanto nos mantivermos presos aos nossos sentimentos, enquanto estivermos totalmente dependentes de nosso bem-estar, enquanto nos identificarmos com nosso medo, com nosso ciúme, com nossa ira, com nossa depressão, tudo isso será um problema constante para nós, problema do qual jamais nos libertaremos.

Somente quando sentirmos que a realidade é propriamente mais profunda, isto é, que é Deus a realidade mais profunda, nos libertaremos de nossos problemas. O que a psicologia transpessoal descobriu como caminho para relativizar os nossos problemas e para nos libertarmos do seu poder, Evágrio já o formulara como conselho para a oração:

"Se queres rezar de maneira perfeita, deixa de lado tudo o que tem a ver com a carne, de modo que, enquanto estiveres rezando, tua visão não se turve" (EVÁGRIO. *SobreOra* 128). E ainda: "Se te entregares à oração, deves deixar para trás tudo quanto te causa alegria, pois somente então alcançarás a oração pura" (EVÁGRIO. *SobreOra* 153).

Segundo a psicologia transpessoal, o caminho da mística é também o caminho no qual todas as terapias devem desembocar. Pois não basta só saber lidar melhor com nossos problemas. Nós só seremos verdadeiramente curados quando tivermos conhecido nossa verdadeira essência, quando tivermos experimentado, em nossos corações, que não somos determinados por nossas relações, problemas e angústias, mas que cada um de nós está em contato com seu eu espiritual, com a sua imagem inviolável que Deus tem de cada qual. Mais: sobre este eu espiritual os relacionamentos, os sentimentos, as paixões não têm poder algum.

É por meio da oração que podemos mergulhar no espaço do verdadeiro silêncio; silêncio em que tudo está salvo, curado e integrado; silêncio no qual nos é dado sentir uma profunda paz, apesar de todas as feridas e humilhações.

11

A MANSIDÃO COMO SINAL DO HOMEM ESPIRITUAL

A finalidade do caminho espiritual não está no grande asceta, naquele que jejua com perseverança, no homem consequente, mas no homem manso. Evágrio sempre de novo exalta a mansidão como o sinal do homem espiritual. Ele nos convida a tornar-nos mansos como Moisés, do qual diz a Escritura: "Ele era o mais manso de todos os homens" (Nm 12,3).

"Peço-vos eu: ninguém ponha sua confiança somente na abstinência! Pois não é possível construir uma casa com uma única pedra, nem é possível completar uma construção com um só tijolo. Um asceta encolerizado é semelhante a um bosque ressequido e sem frutas em tempo de outono, sendo por isso duplamente atrofiado e desenraizado. Um homem encolerizado não verá o despontar da estrela matutina, mas irá até um lugar de onde não poderá mais voltar, uma terra tenebrosa e sombria onde não brilha nenhuma luz e onde não é possível avistar nenhuma vida humana. A abstinência reprime somente o corpo, mas a mansidão transforma o intelecto em vidente!" (EVÁGRIO. *CartDes* 27).

Evágrio fala continuamente que a ascese sozinha não é suficiente para o caminho espiritual. A mansidão é tão decisiva que só ela é capaz de transformar o coração do homem, tornando-o aberto para Deus.

"A abstinência sozinha se parece com aquela virgem insensata que foi excluída do quarto nupcial porque seu óleo havia acabado e porque sua lâmpada havia se apagado" (EVÁGRIO. *CartDes* 28). Na carta 56, Evágrio nos apresenta ainda uma outra comparação: "Aquele que se abstém de comida e bebida, mas em cujo interior se agita a cólera não corrigida, é semelhante a um navio que se encontra no meio do mar e é governado pelo demônio da cólera".

Evágrio também vê concretizada em Davi e Jesus a mansidão que nós devemos seguir: "Dize-me: por que a Escritura, quando quis exaltar Moisés, deixou de lado todos os sinais milagrosos e pensou unicamente na mansidão? [...] Ela exalta unicamente isso: que Moisés era o mais manso de todos os homens. [...] Foi também por ela que suplicou Davi quando pensou na virtude da mansidão para se tornar digno dela ao falar: 'Senhor, lembra-te de Davi e de toda a sua mansidão.' Ele nem mesmo chegou a perceber que seus joelhos haviam se enfraquecido por causa do jejum e que sua carne (por falta de óleo) esmorecera, e que se mantivera vigilante e se tornara como um pardal que voa de um lado para outro no telhado, e falou: 'Ó Senhor, lembra-te de Davi e de toda a sua mansidão!' Procuremos também nós merecer a mansidão daquele que disse: 'Aprendei de mim, pois sou manso e humilde de coração', para que ele nos ensine seus caminhos e nos reanime no reino dos céus" (EVÁGRIO. *CartDes* 56).

A mansidão é, para Evágrio, a fonte do conhecimento de Cristo. Sem mansidão podemos ler quanto quisermos a Bíblia e exercitar-nos na mais rigorosa das asceses, mas nunca entenderemos o mistério de Cristo. Evágrio escreve o seguinte a um de seus discípulos: "Acima de tudo, porém, não esqueças a mansidão e a prudência, pois elas purificam a alma e nos indicam o conhecimento de Cristo" (EVÁGRIO. *CartDes* 34).

O conhecimento de Cristo é uma outra expressão para a contemplação. Sem mansidão não existe nenhuma contemplação verdadeira. Evágrio escreve a Rufino nestes termos: "Com efeito, estou convencido de que tua mansidão tornou-se para ti um motivo de grande conhecimento. Pois nenhuma virtude sozinha produz a sabedoria de modo semelhante como a produz a mansidão, razão pela qual também Moisés foi louvado por ter sido ele o mais manso de todos os homens. E também eu rezo, a fim de tornar-me e poder ser chamado discípulo da mansidão" (EVÁGRIO. *CartDes* 36).

A mansidão é, portanto, um sinal de que nós compreendemos a Cristo e de que o estamos seguindo.

Aqui se evidencia uma outra modalidade de espiritualidade diferente daquela com que deparamos nos livros de moral dos anos 50. O que caracteriza a espiritualidade dos primeiros monges não é o rigorismo, não é a moralização, não é o medo, mas o encorajamento à mansidão. Pois um homem manso torna-se um homem que atrai e interessa a muitas outras pessoas. Ele já não precisa persuadir os hereges para a fé a partir de sua ortodoxia; ele não tem necessidade de evangelizá-los. Sua mansidão é um testemunho suficiente de Cristo. Quem encontra sua mansidão, encontra a Cristo e haverá de reconhecê-lo através dela.

A mansidão e a misericórdia são os critérios de uma espiritualidade autêntica. Se, à base destes critérios, observarmos e julgarmos as formas atuais de devoção, reconheceremos rapidamente qual tipo de piedade brota do medo das sombras recalcadas e qual provém do espírito de Cristo. Somente quando os homens se tiverem tornado mansos e passarem a tratar seus semelhantes com misericórdia, somente então passarão a anunciar uma espiritualidade que seja ao modo de ser de Cristo. Por mais piedosas que se mostrem todas as demais formas de espiritualidade, ainda provêm do espírito do próprio medo e da repressão das paixões. É neste ponto que poderemos aprender dos primeiros monges a desenvolver uma espiritualidade que corresponda ao espírito de Cristo.

VISÃO GERAL

Para muitas pessoas, é bem possível que, mesmo agora, as sentenças dos patriarcas e os escritos dos primeiros monges ainda apareçam como um mundo distante e estranho. Nem sempre é tão fácil penetrar nesta linguagem tão diferente. Porém, uma vez que tivermos descoberto a sabedoria que reside nas palavras dos padres do deserto, estas dificilmente haverão de abandonar-nos. Elas são uma fonte não só para a vida espiritual, mas também para a psicologia, a qual encontra nelas, vazado numa outra linguagem, o que ela própria só conseguiu elaborar a duras penas durante o nosso século. A diferença em relação à psicologia moderna, porém, consiste no fato de os monges através da experiência terem provado o que dizem, ou seja, eles não desenvolvem nenhum modelo teórico, mas refletem "apenas" sua própria experiência.

Um psicólogo amigo meu, que se encontra em período de especialização e conheceu sempre novos modelos pelos quais todos estavam fascinados, disse-me certa vez: "Nós conhecemos constantemente novos métodos psicológicos e modelos de explicação, ninguém porém chega à ideia de vivê-los verdadeiramente. É que não sobra tempo para isso. E é por isso que me interessa vossa vida. O que acontece quando alguém vive um tal modelo por vários decênios?"

Os monges desejam iniciar num caminho que também possa ser trilhado de forma bem concreta e consequente. Eles serão sempre reticentes quando se aproximarem deles outras pessoas que desejariam edificar-se com sua sabedoria, mas na verdade não estão dispostas a vivê-la. É assim que pai Teodoro se recusa a dirigir a palavra a um irmão que viera procurá-lo. E, quando um discípulo o censurou por isso, ele respondeu: "Eu realmente não queria falar com ele. Ele é um arrogante e quer vangloriar-se com palavras alheias" (*Apot* 270).

As palavras, quando não vividas, são inúteis. É também nisso que pensa pai *Jacó* numa outra sentença dos patriarcas: "Não é só de palavras que se necessita. Pois existem muitas palavras entre as pessoas em nossa época. O que é necessário é a ação. E é isso que se busca e não palavras que não produzem nenhum fruto" (*Apot* 398).

O que podemos aprender dos monges é o *anseio por Deus*, que os estimula a ir para o deserto, a lutar de modo consequente com as paixões e a se manter fiéis à ascese. Os monges anseiam por experimentar a Deus, unir-se a ele e vivenciar em Deus a realização de toda ansiedade. Deus é, para eles, pura e simplesmente a realidade. É por causa de Deus que abandonam o mundo, é por causa de Deus que empreendem a luta. É evidente que sentiram o gostinho de Deus e por isso não descansam enquanto não o tiverem encontrado. Um patriarca compara o monge com um cão que tem o gosto da lebre na boca e, por isso, não descansa enquanto não a tiver agarrado. Ele diz: "Um monge deve observar os cães na caça à lebre. Vejamos: somente um dos cães vê a lebre e a persegue. Os outros cães, por verem aquele cão correr, correm também atrás dele, mas somente enquanto não se cansam. Quando se cansam, repentinamente retornam, e somente o primeiro, que realmente viu a lebre, continua a persegui-la até apanhá-la. Este não se deixa desviar durante a corrida por terem os outros cães desistido, nem abandona a corrida por causa dos abismos, dos matagais, dos espinhos ou feridas até apanhar a lebre. É assim que deve também proceder o monge que anseia por Cristo Senhor: olhar incessantemente para a cruz e não desprezar todos os escândalos que se lhe apresentarem até alcançar o Crucificado" (*Apot* 1148).

A finalidade da luta, da caçada e do caminho é Deus. O monge não desiste enquanto não tiver encontrado a Deus, enquanto não puder rezar sem distração, enquanto não estiver direcionado para Deus com todos os seus pensamentos e sensações e não encontrar em Deus a realização de seu anseio. Se tivermos em nossa boca o gosto de Deus como o cão na caça à lebre, não nos deixaremos esmorecer em nossa caminhada espiritual nem por causa dos conflitos constantes existentes no seio da Igreja nem pela depressão difusa que marca nossa sociedade, muito menos ainda por causa da secularização de nossa época em que, às vezes, há tão pouco a se experimentar de Deus. Não é um pensamento de resultados que nos incita no caminho para Deus, mas é o próprio Deus, que nós algum dia experimentamos e cujo gosto não se desprende de nós até o termos encontrado.

Os monges do deserto podem ainda hoje apontar-nos um possível caminho para escapar dos debates superficiais sobre a estrutura da Igreja e sobre o definhamento da espiritualidade. Eles nos convidam para o caminho do anseio. O anseio por Deus nos impele a, superando todos os obstáculos, perseguir a lebre, perseguir a união com Deus, suspirar pela vinda de Jesus Cristo, "que transformará nosso mísero corpo, tornando-o semelhante ao seu corpo glorioso" (Fl 3,21).

A aspiração dos monges aponta, em última instância, para a realização da exigência bíblica de "orar sem cessar". A grande questão dos monges consiste na maneira como rezar sem cessar e como orientar todo seu esforço para Deus. Através de todas as palavras e experiências que tiveram e através de todas as lutas que suportaram, eles desejam convidar-nos a nos colocarmos no caminho para Deus, a não interromper nossa luta enquanto não pudermos orar sem cessar e experimentar nossa verdadeira dignidade pela oração.

É a voz da Igreja primitiva a nos chamar no exemplo dos monges: "Reza incessantemente, pois somente a oração te tornará um homem completo e somente por meio da oração descobrirás a tua dignidade plena. Pois, de um modo muito especial, a oração aprofundará teu amor a Deus. E este há de tornar-se sempre mais forte até que um dia poderás contemplar aquilo que desejavas através da oração" (EVÁGRIO. *SobreOra* 83s.).

O caminho para Deus, contudo, vai além de nossa própria realidade, além da observação dos pensamentos, além do justo tratamento das paixões e além da ascese pela qual nos exercitamos na abertura em relação a Deus. A espiritualidade que os monges nos ensinam é uma *espiritualidade a partir da base,* uma espiritualidade que tem a coragem de olhar para tudo o que existe em nós, também para nossos lados sombrios, e apresentá-los a Deus. Os monges convidam-nos a seguir o caminho da humildade. Neste caminho, somente subiremos a Deus descendo até nossa realidade. O modelo é Jesus mesmo, pois foi ele quem desceu do céu a fim de, como irmãos seus, elevar-nos para Deus. Segundo o modo de pensar de Paulo, este é também o nosso caminho: Só pode subir a Deus aquele que primeiro desceu (cf. Ef 4,9s.).

Somente através do caminho do encontro franco conosco mesmos, através da obediência *(ob-audientia* = escuta) aos nossos pensamentos e sentimentos, aos nossos sonhos, ao nosso corpo e à nossa vida concreta, ao nosso trabalho e ao nosso relacionamento com as outras pessoas, chegaremos ao Deus que transforma tudo o que nós lhe apresentamos até resplandecer também em nós a imagem de Jesus Cristo, isto é, a imagem que Deus fez de cada um de nós e que só poderá irradiar-se neste mundo em nós e por meio de nós. Todo o esforço que os monges assumiram através de sua ascese não tem em mira outra coisa senão deixar resplandecer neste mundo, sem falsificação, esta única imagem de Deus.

O que os monges nos querem transmitir hoje é seu otimismo, isto é, que somos capazes de trabalhar-nos, que não estamos entregues irremediavelmente aos nossos planos e à nossa educação ou mesmo às situações sociais, mas que vale a pena formar-nos e transformar-nos, por meio da ascese, até que a imagem de Deus que está em mim e em ti resplandeça límpida, até que a única palavra que Deus pronuncia a respeito de cada um de nós ressoe dentro do nosso próprio mundo.

A dignidade de cada pessoa formada e performada por Deus de maneira toda singular – e na qual Deus sempre de novo pronuncia uma palavra única e específica, própria tanto a ti quanto a mim –, é o motivo por que os monges nos convidam para a ascese. Devemos e podemos trabalhar-nos, podemos encontrar nosso verdadeiro eu, isto é, haveremos de encontrar a Deus que, por meio da oração e da contemplação, nos cura de nossas mais profundas feridas e acalma os anseios de nosso coração.

REFERÊNCIAS

ATANÁSIO. *Leben des heiligen Antonius*. Kempten/Munique: [s.e.], 1917.

Ausgewähtle Schriften der syrischen Kirchenväter. Kempten: [s.e.], 1874.

Des hl. Abtes Dorotheus Geistliche Gespräche. Kevelaer: [s.e.], 1928.

EVÁGRIO PÔNTICO. *Antirrheticus magnus – Diegrosse Widerrede*. Münsterschwarzach: [s.e.], 1992.

_____. *Über die acht Gedanken*. Würzburg: [s.e.], 1992.

_____. *Briefe aus der Wüste*. Trier: [s.e.], 1986.

_____. Praktikos – Über das Gebet. *Münsterschwarzach*: [s.e.], 1986.

GRÜN, Anselm. *A orientação espiritual dos Padres do Deserto*. 2. ed. Petrópolis: Vozes, 2014.

_____. *Convivendo com o mal* – A luta contra os demônios no monarquismo antigo. 8. ed. Petrópolis: Vozes, 2011.

_____. *Imagens de transformação* – Impulsos bíblicos para mudar sua vida. 2. ed. Petrópolis: Vozes, 2011.

_____. *Einreden* – Der Umgang mit den Gedanken. Münterschwarzach: [s.e.], 1982.

HEUSSI, Karl. *Der Ursprung des Mönchtums*. Tübingen: [s.e.], 1936.

JOÃO CASSIANO. *Aufstieg der Seele. Freiburg*: [s.e.], 1982.

_____. *Spannkraft der Seele*. Freiburg: [s.e.], 1981.

_____. *Lebenshilfe aus der Wüste* – Die alten Mönchsväter als Therapeuten. Freiburg: [s.e.], 1980.

KÄSTNER, Erhart. *Die Stundentrommel vom Heiligen Berg Athos*. Wiesbaden: [s.e.], 1956.

Les sentences des pères du désert. Solesmes: [s.e.], 1977.

Les sentences des pères du désert. Solesmes: [s.e.], 1976.

RANKE-HEINEMANN, Uta. *Das frühe Mönchtum – Seine Motive nach der Selbstzeugnissen*. Essen: [s.e.], 1964.

SMOLITSCH, Igor. *Leben und Lehre der Starzen*. Viena: [s.e.], 1936.

Sprüche der Väter – Apophthegmata Patrum. Graz: [s.e.], 1963.

WALSH, Roger N. & VAUGHAN, Frances. *Psychologie in der Wende*. Munique: [s.e.], 1985.

Weisung der Väter. 3. ed. Trier: [s.e.], 1986.

APÊNDICE

O objetivo deste apêndice não é acrescentar algo ou completar o livro, mas tão somente proporcionar ao leitor um melhor ingresso naquilo que o autor nele desenvolve. As três partes do apêndice têm finalidades diversas, a saber: 1) justificar e explicar algumas dificuldades próprias encontradas durante a tradução, fornecendo alguns dados que possam ajudar na compreensão do texto; 2) apresentar algumas sugestões de leitura, além das referências bibliográficas fornecidas pelo próprio autor, que poderão ser úteis àqueles que queiram ampliar e aprofundar seus conhecimentos a respeito da singular espiritualidade dos padres do deserto; 3) uma lista de abreviaturas utilizadas, cujo objetivo é fazer com que o leitor seja *capaz* de identificar com facilidade as muitas citações que aparecem ao longo do texto.

1) Notas de tradução

1. Escritos originalmente em grego, os apotegmas (ou apoftegmas) costumam ser reunidos em dois tipos de edições elementares: a alfabético-anônima e a sistemática. Já no século VI se encontra a tradução latina da série sistemática, como também existem versões nas mais diversas línguas da cristandade de então: siríaco, armênio, copta, georgiano, etíope, árabe, etc. Além das edições citadas por Anselm Grün, acrescentamos algumas outras, como é o caso da belíssima edição crítica e bilíngue da coleção francesa Sources Chrétiennes (*Les apophtegmes des pères*: *Collection*

systématique. Paris: Les Editions du Cerf, 1993), da tradução argentina (Los *dichos de los padres del desierto – Colección alfabética de los apotegmas.* Buenos Aires: Ediciones Paulinas, 1986).

2. Segundo Dom Fernando Antônio Figueiredo, a *apatheia* não significa uma indiferença diante da vida, no sentido vulgar de apatia, mas "um estado de paz interior" e "serenidade" atenta como "atitude do homem livre face à vida" (cf. *Curso de teologia patrística – A vida da Igreja primitiva (séculos IV e V).* Vol. 3. Petrópolis: Vozes, 1990, p. 177-186; sobre a "apatia gnóstica", cf. CLEMENTE DE ALEXANDRIA, In: BOEHNER, Philotheus & GILSON, Etienne. *História da filosofia cristã.* 6. ed., Petrópolis: Vozes, 1995, p. 46-47).

3. O autor refere-se aqui à passagem em que Jesus cura o servo de um oficial do exército romano (cf. Mt 8, 5-13; Lc 7,1-10).

4. Cf. ROHR, Richard & EBERT, Andreas. *O eneagrama – As nove faces da alma.* 5. ed., Petrópolis: Vozes, 1998, principalmente p. 45-49.

5. Acídia, no grego *akedia*, é um termo que também está presente na *Vita Antonii,* de Atanásio, e em Orígenes, onde significam "negligência", "indiferença", mas já vem acompanhado de termos que apontam para a acepção evagriana: "vileza", "aviltamento", "tristeza", etc. Mas Evágrio parece ter sido o primeiro a identificar o demônio da acídia com o "demônio do meio-dia". É difícil precisar a diferença entre acídia e tristeza na lista dos oito vícios capitais. A tradição monástica oriental as distingue para sublinhar uma circunstância particular: acídia, segundo a definição de Evágrio, está ligada ao estado de vida anacorética e se contrapõe à permanência na cela e à vida solitária.

6. Fundamentado no estoicismo, este método consiste, segundo Evágrio Pôntico, em recolher uma palavra bíblica contra cada pensamento ou sentimento negativo que

possa vir a tornar-nos doentios. Para realizar isso, contudo, pressupõe-se que se tome conhecimento dos próprios pensamentos, sentimentos e paixões, a fim de se poder encontrar a palavra curativa adequada. Uma das referências principais é a obra de Evágrio intitulada *Antirrheticon*, que reúne textos bíblicos para os oito vícios que o homem deve combater para afugentar os demônios.

7. Segundo o *Dicionário de psicologia Dorsch*, a psicossíntese é "um conceito formado para completar ou contrapor-se à psicanálise, para designar todas as medidas da psicoterapia. O encontro de si mesmo e possibilidades abertas de desenvolvimento se consideram mais importantes do que a última explicação causal". Para um maior aprofundamento da psicossíntese de Roberto Assagioli (1888-1974), sugiro o artigo recentemente publicado: "Roberto Assagioli, ideatore della psicosintesi". *Antonianum*, Ano 72, abr.-jun. de 1997, fasc. 2, p. 303-316.

2) Algumas sugestões de leitura sobre os padres do deserto

Como havia sido anunciado na apresentação, a esta edição anexamos algumas obras que poderão ser muito úteis e proveitosas àqueles que se interessarem em ampliar ou aprofundar suas leituras a respeito da singular espiritualidade dos padres do deserto. Não é um roteiro que se pretende completo, já que existem certamente muitas outras obras que tratam específica ou esparsamente deste tema.

Ao lado do livro de Anselm Grün que ora publicamos, a lista de obras sobre o tema que fornecemos a seguir será suficiente para uma primeira aproximação com o tema. Seguem alguns títulos que podem ajudar:

- "Pequena antologia dos padres do deserto". *Grande Sinal* (Revista de Espiritualidade e Pastoral), Petrópolis: Vozes, vol. XXX, 1976, p. 749-752 (breve introdução e pequena seleção de apotegmas dos padres do deserto).

- "Sabedoria dos padres do deserto: Tentações e fraquezas humanas / Fraternismo e graça de Deus". Grande Sinal (Revista de Espiritualidade e Pastoral), Petrópolis: Vozes, vol. XXXVI, 1982, p. 103-113 (introdução geral e seleção de apotegmas dos padres do deserto).

- "Santo Antão, abade". Grande Sinal (Revista de Espiritualidade e Pastoral), Petrópolis: Vozes, vol. XLI, 1987, p. 120-124.

- Dom Fernando Antônio Figueiredo, Curso de teologia patrística – A vida da Igreja primitiva (séculos IV e V), vol. 3, Petrópolis: Vozes, 1990 (especialmente sugestiva é a quarta parte sobre "A vida monacal", p. 171-186).

- FIGUEIREDO, Dom Fernando Antônio. "Solidão e isolamento". Grande Sinal (Revista de Espiritualidade e Pastoral), Petrópolis: Vozes, vol. XLI, 1987, p. 289-294.

- LELOUP, Jean-Yves. O Evangelho de Tomé. Petrópolis: Vozes, 1997 (também chamado Evangelho gnóstico segundo Tomé ou Palavras secretas de Jesus a Tomé, descoberto em 1945 em Nag Hammadi); • O Evangelho de Maria – Míriam de Mágdala. Petrópolis: Vozes, 1998 (evangelho copta do século II); Caminhos da realização – Dos medos do eu ao mergulho no Ser. 2. ed., Petrópolis: Vozes, 1996; Cuidar do Ser – Fílon e os Terapeutas de Alexandria. Petrópolis. Vozes: 1996; Deserto, desertos. Petrópolis. Vozes: 1998.

- LELOUP, Jean-Yves & BOFF, Leonardo. Terapeutas do deserto – De Fílon de Alexandria e Francisco de Assis a Graf Dürckheim, 3. ed., Petrópolis: Vozes, 1998.

- Institutum Patristicum Augustinianum (Roma). Dicionário patrístico e de antiguidades cristãs. Petrópolis: Vozes (muitos verbetes deste dicionário contêm informações bastante detalhadas sobre os principais personagens como também sobre a singular espiritualidade dos padres do deserto).

- MARÍN, Antonio Royo. *Los grandes maestros de la vida espiritual* – Historia de la espiritualidad cristiana. Madri: Biblioteca de Autores Cristianos, 1973 (especialmente importante é a segunda parte, sobre a espiritualidade na Antiguidade, onde o autor trata, por exemplo, do monacato oriental e ocidental, vol. 347, especialmente p. 51-152).
- *Apophthegmata patrum, in: Patrologia grega*, vol. 65, col. 71-440.
- *Les apophtegmes des pères* – Collection Systématique. Paris: Les Editions du Cerf, 1993 (introdução, texto crítico, tradução e notas de Jean-Claude Guy. Constitui uma belíssima edição crítica e bilíngue grego/francês. Pertence à col. Sources Chrétiennes, vol. 387).
- *Los dichos de los padres del desierto* – Colección alfabética de los apotegmas. Buenos Aires: Ediciones Paulinas, 1986 (tradução direta do grego e introdução de Martin de Elizalde).
- *Detti inediti del padri del deserto*. 3. ed., Magnano, Edizioni Qiqajon Comunità di Bose, 1992 (introdução, tradução e notas aos cuidados de Lisa Cremaschi, tendo importantes e variados índices no final, bem como uma longa bibliografia às p. 104-106).
- *Vita e detti del padri dei deserto*. Roma: Città Nuova, 1997 (aos cuidados de Luciana Mortari, contém mapas e importantes índices no final).
- *I padri del deserto: detti*. Roma: Città Nuova, 1972 (aos cuidados de L. Mortari. Trata-se de uma tradução italiana da série sistemática latina).
- *Grandi monaci dei primo millennio*. Roma: Edizioni Paoline, 1982 (preparação biográfica seguida de testemunhos, aos cuidados de Suor Maria Donadeo; en-

tre outros, são abordados os seguintes: Antão, Pacômio, Basílio, Evágrio Pôntico, Sinclética, etc.).

- Para os textos de Evágrio Pôntico na edição Migne, cf. *Patrologia grega*, vol. 40, col. 1219-1288, e vol. 79, col. 1093-1140.
- EVÁGRIO PÔNTICO. *Traité pratique ou Le moine.* Paris: Les Éditions du Cerf, 1971 (introdução e edição crítica e bilíngue grego/francês de Antoine e Claire Guillaumont, tendo ao lado a tradução francesa. O primeiro volume é introdutório e o segundo contém a edição crítica. Pertence à col. Sources Chrétiennes, vol. 170 e 171).
- EVÁGRIO PÔNTICO. *Trattato pratico* – Sulla vita monástica. Roma: Città Nuova Editrice, 1992 (introdução, tradução e notas aos cuidados de Lorenzo Dattrino. Pertence à col. Testi Patristici, vol. 100).
- ATANÁSIO DE ALEXANDRIA. *Vie d'Antoine.* Paris: Les Éditions du Cerf, 1994 (introdução, texto crítico, tradução, notas e índices por G.J.M. Bartelink. Pertence à col. Sources Chrétiennes, vol. 400).
- ATANÁSIO. *Vita di Antonio,* 4. ed., Roma: Fondazione Lorenzo Valla/Arnoldo Mondadori Editore, 1987 (introdução de Christine Mohrmann, edição bilíngue latim/italiano. Texto crítico e comentário aos cuidados de G.J.M. Bartelink e tradução de Pietro Citati e Salvatore Lula. Pertence à col. Scrittori Greci e Latini).
- S. ATANÁSIO. *Vita di Antonio* – Apoftegmi/Lettere. Roma: Edizioni Paoline, 1984 (introdução, tradução e notas aos cuidados de Lisa Cremaschi).

3) Abreviaturas utilizadas

Na edição alemã, a amarração das citações dentro do texto com as referências bibliográficas, citadas no final do livro, nem sempre é muito coerente, uma vez que o autor cita tanto pelo nome do autor ou tradutor como através de abreviaturas. Nesta edição, porém, achamos por bem seguir apenas uma destas formas e acabamos optando pela forma de citar que utiliza abreviaturas. E isso por dois motivos elementares: por um lado, permite que apresentemos o nome das obras, utilizadas pelo autor, também em português e, por outro, permite que o leitor, utilizando-se da lista de abreviaturas, possa com facilidade localizar as obras dentro das referências bibliográficas citadas pelo próprio autor. Entretanto, além das abreviaturas bíblicas, Anselm Grün serviu-se ainda de outras fontes nem sempre ancoradas com as referências bibliográficas por ele fornecidas. Decidimos manter estas abreviaturas tais como ocorrem no original alemão. Estas referências, por sua vez, foram divididas em: um primeiro grupo de abreviaturas para as quais foi possível encontrar a referência bibliográfica, estando portanto incluídas na lista de abreviaturas (são elas: *Arm, EthColl, N*); um segundo grupo de abreviações para as quais não foi possível encontrar a referência bibliográfica correspondente, sendo que estas foram simplesmente reproduzidas tal como ocorrem no original e nem foram incluídas na lista de abreviaturas (são elas: *Am, Lex, Isaac,* e Matthäus Grundmann, nome para o qual também não há nenhuma obra nas referências bibliográficas).

A seguir encontra-se a lista das abreviaturas utilizadas no texto, cujas informações complementares em geral poderão ser encontradas nas referências bibliográficas dadas pelo autor. O número que segue às respectivas abreviaturas pode referir-se tanto ao número de página da obra em causa como também à numeração dos textos própria à fonte utilizada. Esta numeração, porém, obedece sempre à numeração fornecida pelo próprio Anselm Grün.

Anti = *Antirrheticon* (*Antirrheticus magnus. Die grosse Widerrede,* de Evágrio Pôntico, tradução de Leo Trunk).

Apot = *Apotegmas dos padres do deserto* (*Sprüche der Väter. Apophthegmata Patrum,* tradução de P. Bonifatius).

Arm = Col. armênia (L. Leloir, *Paterica armeniaca a PP. Mechitaristis edita (1855) nunc latine reddita, in: Corpus Scriptorum Christianorum Orientalium* 353 (I Tr. 1-4), 361 (II Tr. 5-9), 371 (III Tr. 10-15), 377 (IV Tr. 16-19), Subsidia 42, 43, 47, 51. Lovaina: 1974, 1975, 1976.

AscAlm = *A ascensão da alma* (*Aufstieg der Seele,* de João Cassiano. Seleção e tradução de Gertrude e Thomas Sartory).

AuxVid = *Auxílio de vida no deserto. Os primeiros monges como terapeutas* (*Lebenshilfe aus der Wüste. Die alten Mönchsväter als Therapeuten.* Seleção e introdução de Gertrude e Thomas Sartory).

CartDes = *Cartas do deserto* (*Briefe aus der Wüste,* de Evágrio Pôntico. Introdução e tradução de Gabriel Bunge).

DiaEsp = *Diálogos espirituais do santo abade Doróteo* (*Des hl. Abtes Dorotheus Geistliche Gespräche.* Tradução de B. Hermann).

Einreden... = *Einreden. Der Umgang mit den Gedanken,* de Anselm Grün [*Objeções. O tratamento dos pensamentos*].

EthColl = Col. etiópica.

Leben... = *Leben und Lehre der Starzen,* de Igor Smolitsch [*Vida e doutrina dos estarostes*].

Mönchtum... = *Das frühe Mönchtum. Seine Motive nach der Selbstzeugnissen,* de Uta Ranke-Heinemann [*O monaquismo primitivo. Seus motivos segundo os próprios testemunhos*].

N = Nau (F. Nau, *Anonymes,* do Ms. *Coislin 126, in: Revue de l'Orient Chrétien* 18 (1913), 49-146, edição parcial. Ed. italiana completa aos cuidados de L. Cremaschi, *Detti inediti dei padri del deserto.* Bose: 1986.

OitPens = *Dos oito pensamentos (Über die acht Gedanken*, de Evágrio Pôntico. Introdução e tradução de Gabriel Bunge).

PotAlm = *A potência da alma (Spannkraft der Seele*, de João Cassiano. Seleção e tradução de Gertrude e Thomas Sartory).

Psychologie... = *Psychologie in der Wende*, de Roger N. Walsh e Frances Vaughan [*Psicologia em transição*].

SabPad = *Sabedoria dos padres (Weisung der Väter*, tradução de B. Miller).

SobreOra = *Tratado prático. Sobre a oração (Praktikos. Über das Gebet*, de Evágrio Pôntico. Tradução e introdução de J.E. Bamberger).

Stundentrommel... = *Die Stundentrommel vom Heiligen Berg Athos*, de Erhart Kästner [O *tambor das horas do santo Monte Atos*].

TratPrat = *Tratado prático. Sobre a oração (Praktikos. Über das Gebet*, de Evágrio Pôntico. Tradução e introdução de J.E. Bamberger).

Ursprung... = *Der Ursprung des Mönchtums*, de Karl Heussi [*A origem do monaquismo*].

VidAnt = *Vida de Antão (Leben des heiligen Antonius*, de Atanásio. Traduzido por H. Mertel).

Conecte-se conosco:

 facebook.com/editoravozes

 @editoravozes

 @editora_vozes

 youtube.com/editoravozes

 +55 24 2233-9033

www.vozes.com.br

Conheça nossas lojas:

www.livrariavozes.com.br

Belo Horizonte – Brasília – Campinas – Cuiabá – Curitiba
Fortaleza – Juiz de Fora – Petrópolis – Recife – São Paulo

EDITORA VOZES LTDA.
Rua Frei Luís, 100 – Centro – Cep 25689-900 – Petrópolis, RJ
Tel.: (24) 2233-9000 – E-mail: vendas@vozes.com.br